Useful book of seasoning

素材よろこぶ

調味料の便利帳

高橋書店

はじめに

私たちに最もなじみ深い和食は、切るだけ、和えるだけ、煮るだけといった素材を活かす調理を基本としています。これが料理として成り立つのは、味や香りをまとわせる調味料が存在するからです。

調味料は何気なく使いがちですが、たとえばしょうゆやみそなら、数か月から1年じっくり時間をかけて発酵・熟成させ、豊かな香りやまろやかな味を生み出します。だしをとる煮干しや昆布、かつお節も同様です。そう考えると、たった1杯のみそ汁にも、多くの時間と手間がかけられていることがわかります。

こうした日本古来のものだけでなく、近年では食の多様化によって、外国のさまざまな調味料がスーパーにも並ぶようになりました。使ったことのないスパイスや油を駆使し、未知なる味覚にチャレンジする楽しみが身近になったのです。とはいえ、どんなに良い調味料も使い方を間違えると、風味が飛んだり焦げつかせたりと、せっかくの魅力を殺してしまうことになりかねません。

文字どおり味を決めるものだからこそ、調味料についてよく知り、発する声に耳を澄ませてみませんか。原材料やルーツ、使い方の基礎などを正しく把握するだけでも、何気なく使ってきた調味料とのつき合い方がよりよい方向へと変わっていくはず。そこからもっと深い、食材と調味料の真の魅力や豊かな味わいを発見できるでしょう。

本書がその一助となれば幸いです。

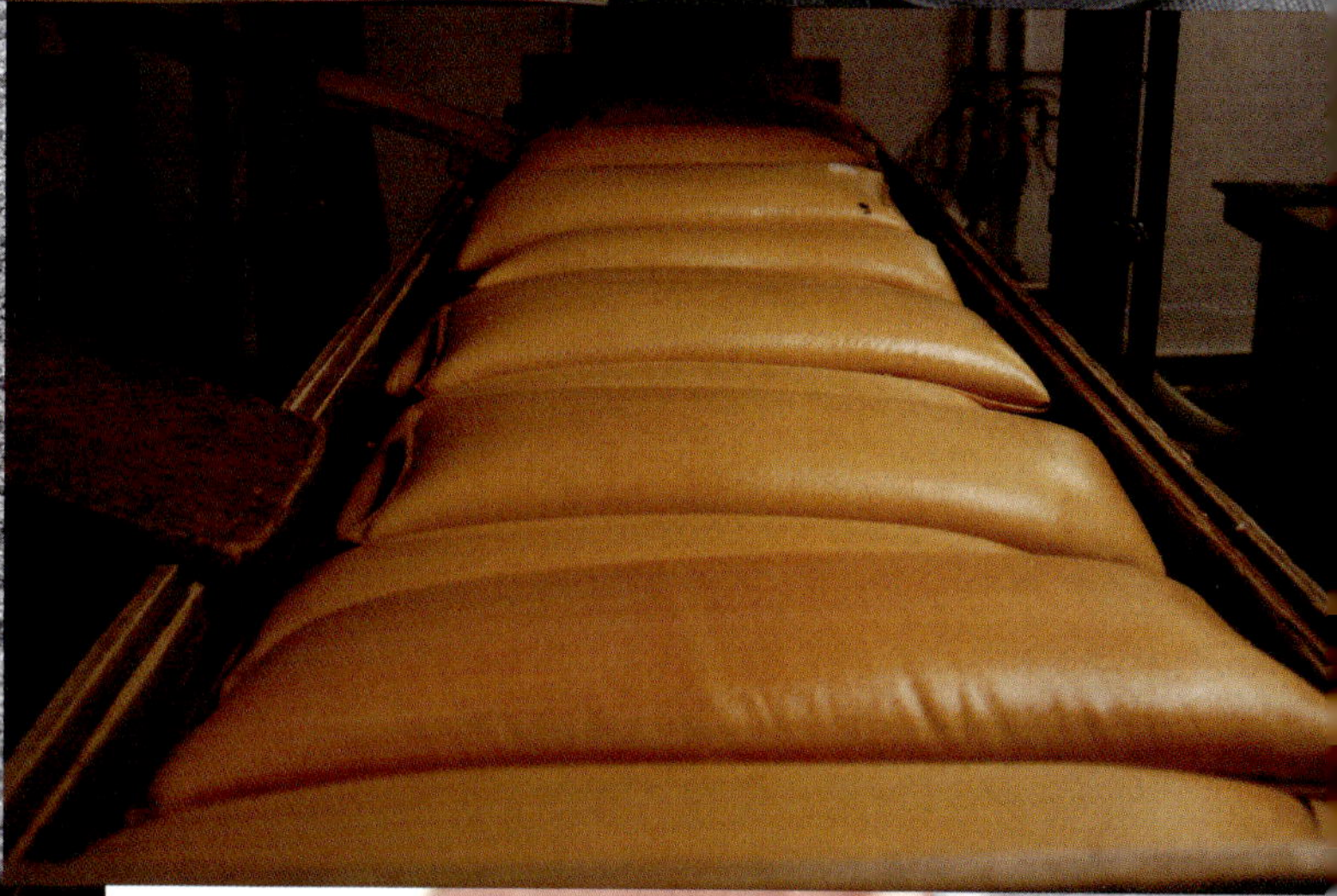

3ページ：写真のご提供
しょうゆ蔵　有限会社石孫本店、みりんの舟　九重味淋株式会社、塩田の砂　株式会社奥能登塩田村

味淋 66

酒 72

麹 78

塩 84

砂糖 98

一 名称

『和漢三才図会』に記載のある漢字名と和名に加え、英名を記しました。

二 年間消費量

1人あたりの国内年間消費量で、基本的に、以下のように算出しています。

（生産量＋輸入量－輸出量）÷日本の総人口

※平成20年度のデータです。

※ソースに関しては、ウスター類とお好み・やきそばソースの生産量（『ポケット農林水産統計』）を日本の総人口で割った数値です。

※データのおもな出典元

農林水産省総合食料局「米麦加工食品生産動態統計等調査年報」

財務省関税局「貿易統計」

国税庁統計

財務省塩需給実績

『ポケット農林水産統計』

三 データ

各調味料の大さじ1、または小さじ1あたりの重量、塩分換算量、エネルギーを記載しました。

四 効果

その調味料が料理で発揮する効果の紹介。何気なく使いがちな調味料の効果を、改めてまとめました。

五 保存法

各調味料の開封後の保存方法を記載しています。

レシピについて

作りおきすると便利な合わせ調味料や、調味料を活かした料理を紹介しています。合わせ調味料は作りやすい量、料理は2人分～4人分を基本の分量としています。電子レンジの加熱時間は600Wを基準にしました。

醤油

濃口・淡口・たまり・再仕込み・白甘口・ポン酢・魚醤

味噌

米・豆・麦・合わせ

醤油《しょうゆ》

シャープな風味の万能調味料に世界中が注目！

日本を代表する調味料と聞いて、だれの頭にもまず浮かぶのは、しょうゆではないでしょうか。しょうゆのルーツは鎌倉時代、中国から伝わった「径山寺《きんざんじ》みそ」の液汁といわれており、江戸時代以降、日本人向けに改良されて現在のしょうゆができあがりました。美しい色とふくよかな香り、そして、甘味、塩味、酸味、苦味、うま味という〝五元味〟を持ち合わせた類まれなる万能調味料として、いまや日本だけでなく世界中から注目されています。

名称 醤油、比之保
Soy sauce

おもな原料（濃口しょうゆ）
大豆、小麦、麹、塩

年間消費量
1人あたり：6.9ℓ

Data（大さじ1あたり）
重量：18g
●濃口
塩分換算量：2.6g
エネルギー：14kcal
●淡口
塩分換算量：2.9g
エネルギー：11kcal

効果
●**肉や魚のにおい消し**
アミノ酸の一種の働きで生臭みを消す
●**食材の保存性アップ**
しょうゆの塩分や有機酸が大腸菌の増殖を防止する
●**うま味アップ**
しょうゆ＋かつおだしは、うま味の相乗効果が得られる
●**香ばしい香りづけ**
しょうゆ＋糖分を加熱すると、香りと照りがでる

保存法
酸化が大敵。開栓後はしっかりふたを閉めて、冷蔵庫へ。びんに対して量が減ってきたら、小びんに詰め替えても。

濃口《こいくち》

明るい赤褐色の香り高いしょうゆ。大豆にほぼ同量の小麦を混ぜて造る。加熱料理のほか、つけしょうゆ、かけしょうゆに使われる。

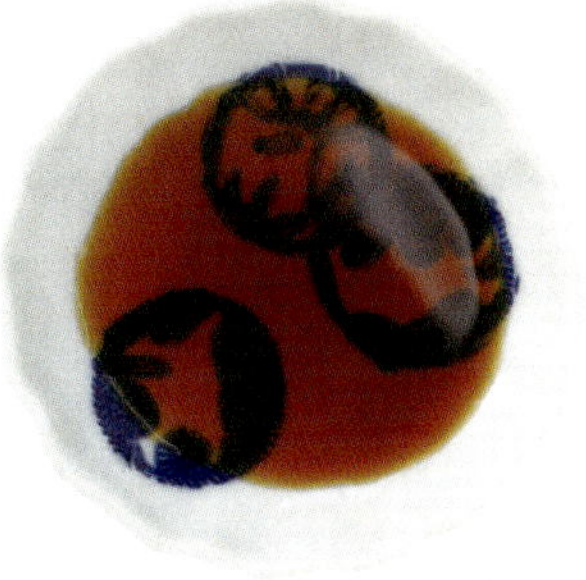

淡口《うすくち》

塩分は濃口しょうゆよりもやや高め。色が淡いので、食材の色を活かした炊き合わせや含め煮、お吸い物などに。

たまり

とろみとコクのある味、独特の香りが特徴。照り焼きやせんべいに。刺し身しょうゆとしても使われる。おもな生産地は中部地方。

再仕込み

生しょうゆにさらに麹を仕込んで造るだけに色、味、香りはいずれも濃厚。つけしょうゆ、かくし味に使われる。山口県柳井市発祥。

白

淡口しょうゆよりもさらに色が薄い。味は淡泊だが特有の香りがあり、お吸い物や茶碗蒸しなどに使われる。主産地は愛知県。

風味も色も濃淡さまざまな５種類のしょうゆ

私たちが日々使うもの以外にも、個性の異なるさまざまなしょうゆが造られています。種類は日本農林規格（ＪＡＳ）によって「濃口しょうゆ」「淡口しょうゆ」「たまりしょうゆ」「再仕込みしょうゆ」「白しょうゆ」の５つに分類されます。

国内消費量の約84％を占めるのが濃口しょうゆで、大豆に小麦を混ぜて造ります。約13％を占めるのが関西から全国区に広まった淡口しょうゆです。製造法は濃口とほぼ同じですが、色を薄く仕上げます。

残りの約３％に、小麦を使わず蒸した大豆を熟成させて造るたまりしょうゆや、醸造した生のしょうゆに再び麹を混ぜて発酵させる再仕込みしょうゆ、精白した小麦に少量の大豆を加えて造る白しょうゆなど、地方色豊かなものが含まれます。

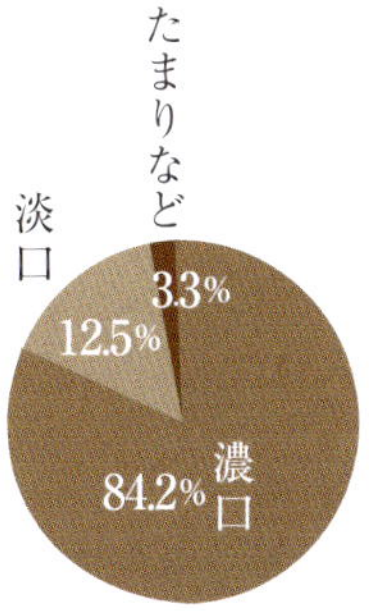

「発酵」の力が醸し出す豊かな味と香り

しょうゆの塩分が、海水よりも濃いことをご存じですか。にもかかわらず塩辛く感じないのは、発酵により生まれた「うま味」や「香り」を豊かに含むからです。

ここでいう「発酵」とは、微生物の働きで食べ物をより人間のためになる形に変えること。みそや酢、納豆など、日本には発酵食品がたくさんあります。なかでも私たちの食卓に欠かせないものが、しょうゆです。麹菌、乳酸菌、酵母の３つの微生物の働きによって造られるしょうゆは、アミノ酸やグルタミン酸をはじめとしたうま味成分がギュッと凝縮されています。

また、複雑な香りも特徴的です。バラやヒヤシンスといった花の香りから、パイナップルなどのフルーツ、肉といったものまで、３００種類ほどの香り成分を含んでいます。

トマトソースに大さじ1

トマトに含まれるうま味成分は、しょうゆと好相性。酸味が抑えられて香りがふくよかになり、グッと本格的な仕上がりに。

卵の黄身はしょうゆ漬けに

お菓子などで卵白だけ使ったら、卵黄はしょうゆ漬けにしよう。2〜3日でねっとりおいしいおつまみに。

切り身魚は味つけ冷凍

魚の切り身は、味つけして冷凍すると、味がしみ込みおいしく頂ける。しょうゆ、酒、みりんが2：2：1の合わせだれに漬け込んで。

番茶に一滴でバラの香り

しょうゆには果物やバラと同様の香り成分がある。番茶に一滴たらすと香りが増すうえ、すっきりした味わいに。

しょうゆが先、卵かけご飯

しょうゆの香りを楽しみたいなら、ご飯にまずしょうゆをかけて混ぜ、あとから溶き卵をかけよう。豊かな香りをより強く感じられるようになる。

焼きそばをカリッと焼く

あんかけ焼きそばの麺を焼く前に、濃口しょうゆを全体的にまぶそう。油をひいた中華鍋で両面を香ばしく焼けば、プロの味わいに。

1 ローズマリーしょうゆ
2 青梅しょうゆ
3 ホタテじょうゆ
4 漬け込みしょうゆ
5 甘口昆布しょうゆ
6 大葉しょうゆ

1 ローズマリーしょうゆ

魚や肉のソテーにひとふり！
華やかな香ばしさ

材料（作りやすい分量）
濃口しょうゆ…1カップ
ローズマリー…2本
にんにく…1かけ（つぶす）

作り方
1 ローズマリーは洗って水気をきる。保存容器に、ローズマリー、にんにくを入れ、しょうゆを注ぐ。
2 常温で1週間ほどおき、ローズマリーを取り出す。

2 青梅しょうゆ

さわやかな風味で、夏にぴったり。
ドレッシングやそうめんに

材料（作りやすい分量）
A
濃口しょうゆ…1カップ
酒…大さじ3
砂糖…大さじ1
青梅…200g

作り方
1 青梅は流水でていねいに洗う。よく水気をきったら、竹串でヘタを取る。
2 保存容器にAを入れて混ぜ合わせ、1を加える。表面を清潔なガーゼでおおい、梅が乾かないようにする。
3 常温で1か月以上おき、青梅を取り出す。
☆ 取り出した梅は、きざんでおにぎりの具にするとおいしい。

3 ホタテじょうゆ

炊き込みご飯やスープに、大活躍

材料（作りやすい分量）
濃口しょうゆ…1カップ
ホタテ（乾燥）…1／3カップ

作り方
1 ホタテは、粒の大きいものは砕き、保存容器に入れる。しょうゆを加え、ふたをする。
2 常温で1週間ほどおき、ホタテを取り出す。
☆ 取り出したホタテは、煮物の具材や、だしとして使える。

4 漬け込みしょうゆ

白菜やきゅうりなど
野菜の浅漬けに

材料（作りやすい分量）
白しょうゆ…1／2カップ
みりん…1／2カップ
酢…大さじ1
昆布…5㎝角1枚
みょうが…2個（せん切り）

作り方
1 小鍋にみりんを煮立て、昆布を加えて火を止める。
2 冷めたら、白しょうゆ、酢、みょうがを加える。
☆ 野菜の漬け方
保存袋にきざんだ野菜と野菜の重さの2％の塩を入れて混ぜる。浅漬けしょうゆを倍量の水で薄めて加え、袋の空気を抜いて半日ほど漬ける。

5 甘口昆布しょうゆ

納豆や卵かけご飯に
マルチに大活躍！

材料（作りやすい分量）
濃口しょうゆ…1カップ
みりん…大さじ3弱
昆布…10㎝角1枚

作り方
1 小鍋にみりんを入れて煮立て、火を止める。
2 みりんが熱いうちに昆布としょうゆを加え、3時間ほどおく。

6 大葉しょうゆ

炒め物にサッとふって。
冷しゃぶのたれにも最適

材料（作りやすい分量）
濃口しょうゆ…1カップ
大葉…20枚

作り方
1 大葉を洗い、しっかり水気をふきとる。保存容器に大葉を入れ、しょうゆを注ぐ。
2 常温で1週間おいたら使える。
☆ 大葉は、おにぎりに巻いたり、きざんで冷や奴などにのせたりしても。

焦がしじょうゆを調味料に

しょうゆと煮きり酒を2：1で合わせ、小鍋で煮立てる。香ばしい香りがしたらできあがり。豆腐ステーキや混ぜご飯におすすめ。

赤身魚には白身魚には

刺し身に合うしょうゆは、白身と赤身では異なる。しっかりした味わいの赤身には、たまりや再仕込み、あっさりした白身には濃口や淡口がおすすめ。

ダブル使いで煮物名人

濃口しょうゆで味つけして煮込んだら、火を止める直前にたまりしょうゆでつややかに。こってり仕上げたい煮物におすすめ。

しょうゆを引き立てる煮魚のコツ

煮魚は、だしと調味料を煮立ててから魚を加えるのが一般的。このとき、しょうゆだけ何度かに分けてあとから加えると、香りが立つ。

クラムチャウダーにしのばせて

しょうゆと乳製品の相性はバツグン。クラムチャウダーの仕上げに数滴たらすと、グッと甘味が増したように感じられる。

おもちが網にくっつきません

トースターで焼くとき、上の面の中央に数滴たらすと上面だけがふくらみ、網にもちがくっつかない。

かんきつの香りがみずみずしいすっきり味

自家製ポン酢

ゆず すだち かぼす

材料（作りやすい分量）
ゆず、かぼすなどの果汁
…1／2カップ
しょうゆ…1カップ
酢…大さじ2
酒…大さじ2
みりん…大さじ2
昆布…10㎝角1枚
削り節…8g

作り方
1 鍋に酒、みりんを入れて弱火にかけ、沸騰させて火を止める。
2 保存容器に1と、すべての材料を入れてふたをし、冷蔵庫に入れて、3日ほどおく。
3 3日目に昆布と削り節をこして取り出す。1週間以上熟成させるとおいしい。
☆ゆずの皮は、しぼる前に黄色い表面を削ぎ取り、きざんで冷凍しておくと便利。

酢とはひと味違う かんきつ類ならではの さわやかな酸味

だいだいやゆず、すだち、レモンなどのかんきつ類と、しょうゆを混ぜ合わせて完成するポン酢。どんな料理にも合わせやすいのが魅力です。マヨネーズと混ぜるなど、アイデア次第でいろいろな使い方もできます。

ポン酢の語源については諸説あり、オランダ語の「ＰＯＮ《ポン》Ｓ《ス》」とするのが有力です。ポンスは江戸時代の長崎でオランダ人が飲んでいた、だいだいの果汁入りの酒。この名が、かんきつ果汁のことだけをさすようになり、現在のポン酢に変化したといわれています。

ポン酢は海外でも人気で、日本で作られたポン酢がほぼそのままの味でアメリカやシンガポール、台湾、香港などにも輸出されています。

刺し身を
漬け込んで

づけしょうゆ

材料（2人分）

たまりしょうゆ…大さじ4
煮きりみりん…大さじ4

作り方

すべての材料を混ぜ合わせる。

揚げたての天ぷらには
つゆを手作りして

天つゆ

材料（作りやすい分量）

だし…1カップ
濃口しょうゆ…25cc
みりん…25cc

作り方

すべての材料を合わせて火にかけ、ひと煮立ちさせる。追いがつおをしてもよい。

青菜の和え物や
肉料理のたれとして

からしじょうゆ

材料（2人分）

練りがらし…大さじ1
砂糖…大さじ1
だし…大さじ3
濃口しょうゆ…大さじ6

作り方

練りがらしと砂糖を、だしとしょうゆで少しずつ溶きのばす。

蒸した魚や
豚肉のしゃぶしゃぶに

にんにくだれ

材料（2人分）

おろしにんにく…大さじ1
甜麺醤《テンメンジャン》…大さじ2
濃口しょうゆ…大さじ6
ラー油…大さじ1

作り方

すべての材料を混ぜ合わせる。

煮物に煮びたし…
味つけがすぐに決まる

八方だし

材料（約600cc）

だし…3カップ
濃口しょうゆ
…大さじ2
みりん…大さじ2
塩…小さじ1

作り方

すべての材料を混ぜ合わせる。

里いもやエビ、
白く仕上げたい食材に

白だし

材料（作りやすい分量）

酒…1カップ
みりん…1／2カップ
A 白しょうゆ…大さじ1
A 塩…大さじ1と1／2
B 昆布…5cm
B かつお節…50g

作り方

1 鍋に酒、みりんを入れ、アルコールを飛ばし火を止める。
2 1が熱いうちにAを加えて混ぜ合わせ、さらにBを加える。
3 混ぜないで、かつお節が沈み冷めるまでおく。混ぜると濁ってしまうので注意する。冷めたらこす。

ハーブや魚介を和えたタイ風サラダに

ナンプラードレッシング

材料（作りやすい分量）
ナンプラー…大さじ1と1／2
レモン…1／2個（しぼる）
砂糖…小さじ1／2
水…大さじ1

作り方
すべての材料を混ぜ合わせる。

しょうゆが香ばしい。鶏肉や魚の照り焼きに

照り焼きだれ

材料（鶏もも肉2枚分）
酒…大さじ2
濃口しょうゆ…大さじ2
みりん…大さじ2

作り方
材料をすべて合わせ、小鍋に入れ煮立たせる。鶏などを焼く際にからめる。

すき焼き以外にも丼ものの煮汁として使える

すき焼きの割りした

材料（4人分）
濃口しょうゆ…3／4カップ
みりん…1／4カップ
砂糖…3／4カップ
だし…1／2カップ

作り方
鍋にしょうゆとみりん、砂糖を入れてひと煮立ちさせ、だしを加えて好みの加減に薄める。

大根、練り物、卵…お好みの具材を煮込んで

おでんのつゆ

材料（4人分）
だし…2・6ℓ
淡口しょうゆ…大さじ3
酒…1／2カップ
塩…大さじ1と1／2

作り方
鍋にだしを煮立て、調味料を加えて味を調える。お好きな具材を入れて煮立てる。

あっさりした白身の魚はさっぱりした味つけで

白身魚の煮つけの煮汁

材料（2人分）
濃口しょうゆ…大さじ2
みりん…大さじ1と1／2
砂糖…大さじ1と1／2
酒…大さじ1と1／2
だし…1／2カップ

作り方
鍋にしょうゆとみりん、砂糖、酒、だしを合わせて煮立てる。

青魚は臭みをしっかり飛ばして。しょうがや梅干しを加えても

青魚の煮つけの煮汁

材料（2人分）
濃口しょうゆ…大さじ2と1／2
みりん…大さじ1と1／2
砂糖…大さじ1と1／2
酒…大さじ1と1／2
だし…3／4カップ

作り方
鍋にすべての材料を合わせて煮立てる。

全国マップ

生産量と消費量は地域によって異なる

しょうゆの種類別消費量を地域ごとに見ると、濃口の占める比率は北海道が最も多く、淡口の発祥の地である近畿地方では最も少ないことがわかります。また、比率は少ないものの、中部地方ではたまりしょうゆや白しょうゆ、中国地方では再仕込みしょうゆの消費も多く見られ、地域による嗜好の違いが窺えます。

生産量を都道府県別に見ると、トップが千葉県、次いで兵庫県となります。千葉県の銚子と野田は、江戸時代から今日まで、濃口しょうゆ造りの中枢を担う場所。兵庫県のたつのは、江戸時代から淡口しょうゆの本場として知られます。

現在では、千葉県でも兵庫県でも、大小含めた数多くのメーカーによってさまざまなしょうゆが生産されています。

〈秋田県〉百寿

囲炉裏《いろり》の炭火と木箱による麹の仕込みは「昔ながらのしょうゆ」の表現がぴったり。木桶仕込みの天然醸造しょうゆ。

メーカー：（有）石孫本店
原材料：大豆、小麦、食塩

〈長野県〉紫大尽

厳選された材料で造られるしょうゆ。白ご飯にかつお節とのりをかけ、お湯を注ぐだけでごちそうに。

メーカー：（株）大久保醸造店
原材料：大豆、小麦、食塩、米、アルコール

〈千葉県〉かずさむらさき丸大豆しょうゆ

温暖な気候と良質な水の恵みを受け、丸大豆を木桶で熟成させた濃口。舌を刺すような塩辛さがない。

メーカー：（有）宮醤油店
原材料：大豆（遺伝子組換えでない）、小麦、食塩、アルコール

〈静岡県〉栄醤油

昔ながらの仕込みを守る、しょうゆ造り。フルーティーな香りは蔵に棲み続けている微生物が造り出したもの。

メーカー：（有）栄醤油醸造
原材料：大豆（遺伝子組換えでない）、小麦、食塩

〈愛知県〉尾張のたまり

愛知県産大豆を100％使用したたまりしょうゆ。東海地方を中心に造られていて、独特の香りと濃厚なコクが特徴。

メーカー：（株）丸又商店
原材料：大豆（国産）、食塩

濃 口しょうゆ

淡 口しょうゆ

再 仕込みしょうゆ

溜 しょうゆ

白 しょうゆ

甘 口しょうゆ

甘く味つけしたしょうゆ。九州で「しょうゆ」といえば、このタイプ。関東の濃口しょうゆと同じように使われる。南方ほどしょうゆの甘みが増す傾向がある。

〈兵庫県〉木桶仕込み
小さな国産有機醤油

国産の有機JAS認証マーク取得のめずらしいしょうゆ。桶仕込みにこだわり、現代でも新桶を購入し続ける姿勢もめずらしい。

メーカー：足立醸造（株）

原材料：有機大豆、有機小麦、食塩

〈広島県〉手造り醤油
濃口本仕込み熟成二年

再仕込みしょうゆの入門編としておすすめ。造り手のしょうゆ造りにかける情熱を感じるような、やさしくコクの深い味。

メーカー：岡本醤油醸造場

原材料：大豆、小麦、食塩

〈山口県〉**マルクワ醤油**

中国地方で愛される甘みのあるタイプ。杉樽仕込みにこだわり1年半熟成させている。

メーカー：桑田醤油有限会社

原材料：アミノ酸液／食塩（国産）／脱脂加工大豆／小麦（山口県産）／砂糖／カラメル色素／調味料（アミノ酸等）／甘味料（ステビア、甘草）／保存料（パラオキシ安息香酸）／ビタミンB1

〈宮崎県〉**カネナ醤油**

南国宮崎・青島の自然のなかで造られたしょうゆに、地元に根ざした甘味をプラス。

メーカー：長友味噌醤油醸造元

原材料：アミノ酸液、食塩、脱脂加工大豆、小麦、果糖ぶどう糖液糖、カラメル色素、甘味料（ステビア、サッカリンNa、甘草）、調味料（アミノ酸等）、保存料（パラオキシ安息香酸）

〈香川県〉**鶴醤《つるびしお》**

熟成期間が長く、うま味が凝縮されたしょうゆ。伝統的な造りを守り、つねに外部の人にも見せられる状態の蔵は観光客から多くの支持を得ている。バニラアイスにも◎。

メーカー：ヤマロク醤油（株）

原材料：大豆、小麦、食塩

〈奈良県〉うすくち
天然醸造醤油

関西で好まれる淡口のなかでもうま味・香り・味のバランスを重視した銘柄。煮物やぶり・はまちなど白身の魚に。

メーカー：片上醤油

原材料：大豆、小麦、食塩

ラベルのおいしい話

一 丸大豆か脱脂加工大豆か

丸大豆は、大豆の油脂が熟成中に溶け込むため、深みのある風味が加わります。一方、「うま味」の基準とされる窒素分の多いしょうゆは、脱脂加工大豆のほうが造りやすいとの側面も。

丸大豆

脱脂加工大豆

二 等級ってなに？

JASでは、しょうゆをうま味成分の量、色、香りにより、「特級」「上級」「標準」の3段階に分けています。しょうゆの味の要因は、うま味以外にもたくさんあるので、あくまで参考程度に。

特級 JAS 日本醤油技術センター

上級 JAS 日本醤油技術センター

標準 JAS 日本醤油技術センター

三 さまざまな原料が

添加物を加えるのは、醸造期間や原料の質を補うためとされています。しかし、甘口しょうゆが好まれる地域では、ていねいに製造し「おいしい」味をめざして加えるメーカーもあります。

コラム

しょうゆを巡る、旅に出かけよう

「職人醤油」は、全国71銘柄を取り扱う、しょうゆ専門店。店内の壁一面、ずらりとしょうゆを並べています。この品ぞろえでも「このあいだのおしょうゆ、おいしかったわ」と、2本目3本目と注文して頂けるものがあります。それは決まって、しょうゆを仕入れ、販売している私自身が、この人とずっとおつき合いをしていきたいな、と感じる生産者が手がけたものでした。

こだわってしょうゆを探す方は、商品ラベルの情報をきちんと見ると思います。しかし原料表示などだけでおいしさや品質を区別することは難しいのです。

以前、国産の原料を使う造り手に、その理由を聞いたことがあります。答えはじつにさまざまで、「自分たちの目の届く範囲のものを使いたい」「地元の一次産業を支えるのは当然」「そのほうが高く売れるから」など、こだわりを持つ部分が、それぞれ異なるのです。

その一方で、「何年間か試作した結果、自分たちの造り方であれば味の差はさほどない」と輸入原料にし、価格を抑える道をとった蔵もありました。こうした考えの違いこそが味に反映されるのです。

特に、職人仕立てのしょうゆは、うまい、まずい、だけでは表現できない味があります。やさしい味、清らかな味……。これは造り手である職人が個性豊かだからかもしれません。

しょうゆは一生使い続けていく調味料。ぜひ一度、「しょうゆ蔵」を訪ね、どのような現場で、どのような生産者が造っているかを感じて頂きたい。「〇〇さんが造っているしょうゆ」と、造り手の顔が浮かぶことが、味わいをさらに変えてくれるはずです。

高橋万太郎さん

日本全国の「職人仕立て」のしょうゆを販売する、「職人醤油.com」主宰。
職人が造るしょうゆの普及に取り組んでいる。自身の足で巡ったしょうゆ蔵は、400軒を突破して現在も更新中。

原料

大豆は、しょうゆのうま味に大きく関わっている

大豆に含まれるたんぱく質は、麹菌のたんぱく質分解酵素「プロテアーゼ」によって分解され、しょうゆのうま味となるアミノ酸に変わります。したがって、しょうゆ造りにはたんぱく質を多く含む大豆が選ばれます。具体的には、黄色くてツヤのある、大粒で完熟したもので、蒸したときにほどよい弾力のあるものがベストとされています。

しょうゆ造りに使われる大豆には「脱脂加工大豆」と「丸大豆」があります。脱脂加工大豆とは、大豆に含まれる脂肪分をあらかじめ抜き取ったもの。対する丸大豆は、丸のままの大豆を使ったものです。

現在、主流なのは脱脂加工大豆を使ったしょうゆで、全体の80〜85%を占めています。大豆の脂肪分は、以前は不要とされていましたが、現在ではその働きが見直され、もろみの酸化を防止したり、味をマイルドにしたりする効果がわかってきました。それにともない、丸大豆を使った丸大豆しょうゆにも人気が集まってきています。

しょうゆの香りや甘味を引き出す小麦

主成分のでんぷんは、麹菌の酵素「アミラーゼ」によって甘味を持つブドウ糖に変化。これが乳酸菌によって乳酸や酢酸に変わって塩辛さをやわらげます。ブドウ糖の一部は、酵母によりアルコールに変化して香りをよくします。

しょうゆの塩分は海水以上

塩は水に溶かした食塩水の状態で使われ、大豆、小麦、種麹で造られたしょうゆ麹ができあがったあとの〝仕込み〟と呼ばれる段階で加えられます。塩味をつけるだけでなく、雑菌を抑え保存性を高めるなどの働きもあります。

麹とは働きものの良質カビ

しょうゆ造りは、蒸した大豆と炒った小麦粉に麹菌の一種を加え、しょうゆ麹を作ることから始まります。この麹菌は「種麹」と呼ばれるもの。しょうゆは、大豆のたんぱく質や小麦のでんぷんを分解・発酵する麹菌の働きを利用して造るため、種麹はそれらを分解する酵素をたくさん作るものが使われます。昔は空気中に自然に存在する微生物を利用していましたが、現在はほとんどのしょうゆに種麹が使われています。

こんな原材料を使用しているものも

しょうゆの種類や製造方法の違いによっては、大豆のたんぱく質を塩酸で分解した「アミノ酸液」や、調味料、甘味料、着色料などが加わります。

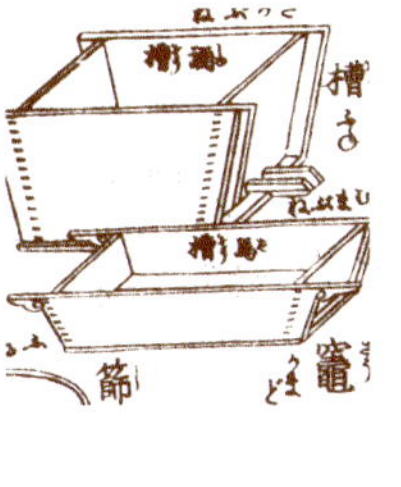

古代から現代へ。「醤」から始まったしょうゆの歴史

しょうゆの歴史をひもとくと、古代中国の「醤《ジャン》」に行き当たります。これがいつしか日本に伝わり「醤《ひしお》」として定着しました。醤とは食材を塩漬けにして発酵させたもののこと。魚介や鳥獣を原料とした「肉醤《ししびしお》」（※現在の塩辛）、野菜を使った「草醤」（※現在の漬け物）などがあるなかで、日本人が最も好んだのが、穀類を原料とした「穀醤」でした。これがしょうゆのルーツで、日本で本格的に造られるようになったのは、大和朝廷が誕生したあととされています。

現在のしょうゆに近いものが造られるようになったのは鎌倉時代。信州の禅僧覚心が、中国の宋より径山寺《きんざんじ》みその造り方を日本に伝え、その製造過程でできた上澄み液や、桶の底にたまった液体が、今のしょうゆに近いものだといわれています。室町時代になると初めて「しょうゆ」という言葉が生まれ、戦国時代には庶民のあいだにも広まりはじめます。

みその上澄み液がしょうゆの祖先。現在でも、「みそたまり」の名で売られている。

江戸時代の初期に、いよいよ本格的な製造がスタートします。もともと政治や経済の中心地だった関西で、淡口しょうゆから始まった工業化のムーブメントですが、政治の中心が江戸に移るとともに濃口しょうゆが流行し、しだいに濃口しょうゆが幅を利かせるように。

現在でもしょうゆの産地として知られる千葉県の野田や銚子は、川沿いのため原料を運搬しやすく、気候も適しているところから、しょうゆ造りの土地に選ばれました。

しょうゆとともに花開いた江戸の味

江戸で文化や経済が栄えるようになると、食文化も大きく花開きます。江戸には働き盛りの独身男性が多く、消費性向が高いため外食産業が大きく発展。庶民のあいだでは、そば、うなぎの蒲焼、天ぷら、にぎり寿司といった屋台料理が人気を博しました。こうした料理になくてはならないものが、濃口しょうゆだったのです。

同時期にみりんも流行したため、蒲焼のたれやそばつゆ、佃煮など、江戸の味として「甘辛」味が確立されました。

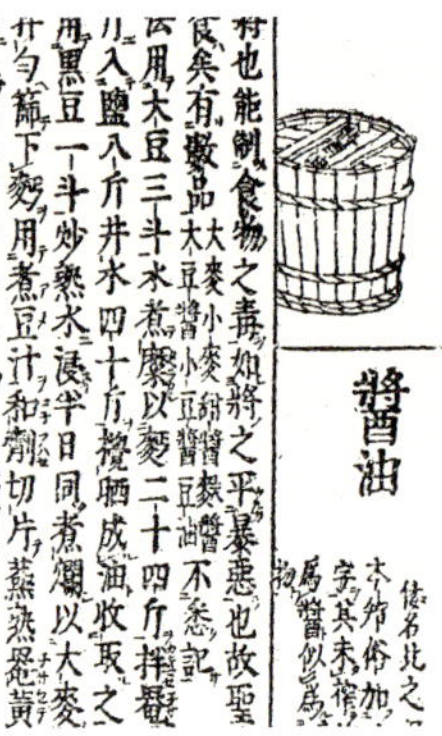

醤油 しやうゆ

醤也能制食物之毒如將之平暴惡也故聖
食矣有數品大麦 小麦 麩醤 大豆醤 小豆醤 豆油 不悉記
凡用大豆三斗水煮爛以麪二十四斤拌罨
入鹽八斤井水四十斤攪晒成油收取之
用黒豆一斗炒熟水浸半日同煮爛以大麦
升勻篩下麪用煮豆汁和劑切片蒸熟罨黄
入鹽二斤井水八斤晒成黒餅而汁清

江戸中期に出版された『和漢三才図会』にはすでにしょうゆの製法が解説されている。

造り方（本醸造方式濃口しょうゆ）

製造工程

しょうゆ造りの基本「本醸造方式」

しょうゆの製造方式は、一般的な濃口しょうゆだけでも3通りあります。なかでも消費量の8割以上を占めるのが「本醸造方式」。江戸時代の中期に完成し現在も受け継がれている、しょうゆ造りの基本形です。

本醸造方式では、まず、大豆、小麦、種麹を混ぜてしょうゆ麹を造ります。それを食塩水とともにタンクに仕込み、できた「もろみ（諸味）」を6〜8か月間寝かせます。このあいだに分解・発酵・熟成され、本醸造のしょうゆができあがります。

ほかに、もろみなどにアミノ酸液を加えて熟成させる「混合醸造方式」や、生《なま》しょうゆとアミノ酸液と混ぜて造る「混合方式」がありますが、これらは古くから伝わる本醸造方式をアレンジしたものです。

大豆にほぼ同量の小麦を混ぜて造る。濃口しょうゆには、さまざまな製法があるが、基本は本醸造方式。

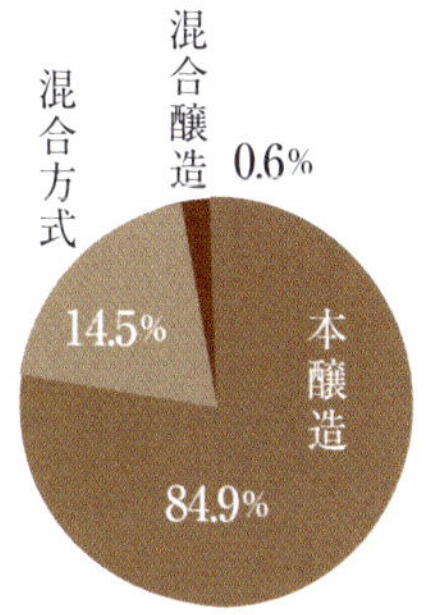

〈生産方式別の割合〉

淡口

製法は濃口しょうゆとほぼ同じ。色を淡く仕上げるため食塩を1割増やす。また、味をまろやかにするために甘酒を使う。

再仕込み

濃口しょうゆのように仕込みに食塩水を使わず、代わりに生しょうゆを使う。生しょうゆでもう一度仕込むため、この名がある。

たまり

大豆とわずかな小麦を使う。原料を蒸して「みそ玉麹」を作って食塩水で仕込み、1年かけて発酵・熟成させる。

白

小麦とわずかな大豆を使って造る。小麦は皮をむいて精白してから、大豆は炒ったあとに皮をむいて使う。低温に保つことで琥珀《こはく》色に。

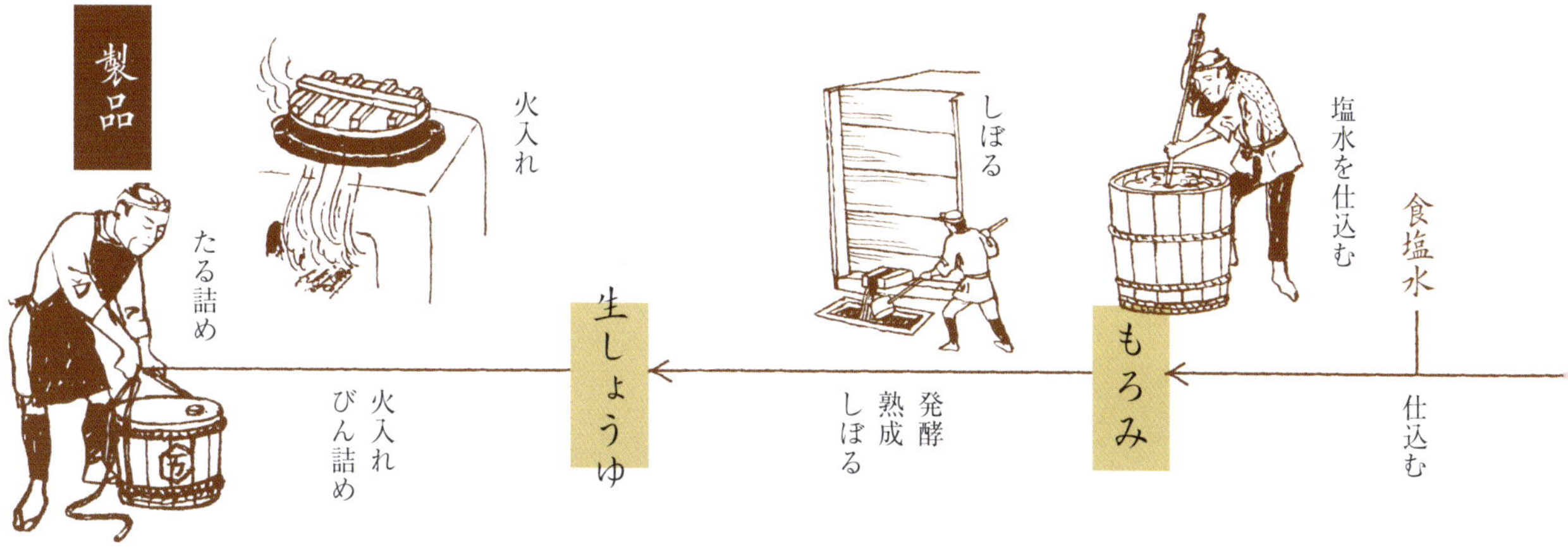

つゆ類

しょうゆベースの調味料は家庭料理に大活躍

たれやドレッシング、つゆなど、しょうゆを使った調味料の需要は近年、かなり増しています。特に、かつお節や昆布のうま味成分を加えただししょうゆや、みりん・砂糖・だしやうま味調味料をおいしく配合したつゆ類は、さまざまな料理に展開できる便利な調味料です。

だしの風味は抜けやすく、開栓したら早めに使いきりたいので、いろいろなレシピに挑戦してみましょう。

ステーキりんごソース

材料（作りやすい分量）

めんつゆ（3倍濃縮タイプ）…大さじ5
水…大さじ3
酒…大さじ4
みりん…大さじ3
にんにく…小1かけ（おろす）
玉ねぎ…1／4個（おろす）
りんご…1／6個（おろす）

作り方

すべての材料を小鍋に入れ、弱めの中火で3分の2〜半量になるまで煮詰める。

冷やしトマトの涼味そうめんつゆ

材料（2人分）

めんつゆ（3倍濃縮タイプ）…1／4カップ
トマト…1個
みょうが…1個
大葉…4枚
水…3／4カップ

作り方

トマトは湯むきして乱切りにする。大葉、みょうがはせん切りにして冷水にさらす。そうめんに大葉とみょうがを盛り、トマトを加えためんつゆと分量の水を混ぜてかける。

丼つゆ

材料（2人分）

めんつゆ（2倍濃縮タイプ）…大さじ2
水…大さじ4
砂糖（お好みで）…大さじ2

作り方

鍋にすべての材料を合わせて軽く煮立てる。

めんつゆお茶割り

材料（2人分）

めんつゆ…1／2カップ
緑茶…1／2カップ
大根おろし…1／2カップ
かいわれ菜…適量

作り方

1 めんつゆは冷たい緑茶で割る。かいわれ菜は根を切り、サッとゆでる。
2 つゆに水気を軽くきった大根おろしを入れ、サッとゆでたかいわれ菜を添える。

ごまつゆ

材料（2人分）

めんつゆ…1カップ半
白練りごま…大さじ6
水…1カップ半
白すりごま…小さじ4

作り方

白練りごまにめんつゆを少しずつ加え、ダマができないようにのばしたら水と白すりごまを加える。

ツナとしょうが、しそのめんつゆ

材料（2人分）

めんつゆ（3倍濃縮タイプ）…1／4カップ
水…3／4カップ
ツナ…1／2缶
しょうが…1かけ（おろす）
しそ…2枚（せん切り）

作り方

すべての材料を混ぜ合わせる。

サラダドレッシング

材料（作りやすい分量）

めんつゆ（3倍濃縮タイプ）…大さじ2
酢…大さじ3
しょうゆ…小さじ1
塩…少々
油…大さじ5

作り方

すべての材料をよく混ぜ合わせる。

魚醤《ぎょしょう》

特有の香りとうま味が特徴

魚醤とは魚介類を発酵させて造る液体調味料で、字の示すとおり魚のしょうゆです。魚醤の原形はその昔、中国から伝わった「醤《ジャン》」。これをもとに造られた塩漬け発酵食品のひとつが、魚醤です。

　日本では鎌倉時代から魚醤が使われていましたが、室町時代になり大豆のしょうゆが台頭すると、魚醤は一部の地域を残してすたれていきます。しかし一部地域に残った魚醤は現在も歴史をきざみ続け、郷土食に欠かせない「ふるさとの味」となりました。

　東南アジアでは古くから魚醤造りが発達し、多くの料理に使われてきました。有名なのはタイのナンプラーやベトナムのヌクマム（ニョクマム）。また、カタクチイワシを塩漬けにして発酵させた欧米のアンチョビも、イタリア料理や地中海料理で調味料的に使われます。

　独特の風味と濃厚なうま味が特徴の魚醤ですが、かくし味に加えると、どんな料理にもぴったりマッチし、うま味を底上げしてくれます。

イワシと塩を合わせて仕込む。発酵させることで複雑な風味が生まれる。

しょっつる

秋田の県魚であるハタハタから造られる。温かいご飯にバターをのせ、かけるだけでもおいしい。

いかなごしょうゆ

瀬戸内の魚、いかなごから造られる。芯のあるうま味ながらすっきりした風味で、刺し身のつけしょうゆにも。

いしり

イワシやイカから造られる、富山県名物の魚醤。野菜炒めに加えたり、ラーメンにたらしたりするのがおすすめ。

ナンプラー

タイを代表するカタクチイワシなどの小魚と塩から造られた魚醤。独特の香りと濃厚なうま味が特徴。

ニョクマム

ベトナムの魚醤。ナンプラー同様、カタクチイワシなどの小魚から造られる。ナンプラーに比べ塩気が弱く、香りが強い場合が多い。

中国の調味料《ちゅうごくのちょうみりょう》

中国の調味料 しょうゆと醤《ジャン》

広い国土を有する中国では、味つけの特色が地方により大きく異なります。唐辛子と山椒の辛みが強い四川。あっさり味の広東。みそをよく用いる北京。しょうゆや砂糖を使う上海……。

味の成り立ちが違えば、調味料もじつにさまざまです。日本のみそやしょうゆの源流ともいえる、大豆の醤のほか、そら豆の醤、魚介類の醤、豆腐の発酵調味料など伝統的なものもあれば、XO醤など比較的歴史の浅いものもあります。

日本でおなじみのものから、あまり見かけないものまでありますが、中国料理専用ではありません。いつもの炒め物に少し、和え物に少し、と試してみてください。意外な相性の良さを発見できるかもしれません。

生抽《ションチュウ》

淡口しょうゆに似た色だが、はるかに味が濃い。まろやかな風味で、サラダや炒め物に使われる。

老抽《ラオチュウ》

生抽にカラメルを加えた、甘くてトロリとしたしょうゆ。色が濃く、煮込み料理などに使われる。

オイスターソース

カキで造る魚醤やカキのエキスから造られた中国の調味料。スパイスや調味料で調整されている。

XO醤《エックスオージャン》

干し貝柱や中国ハム、干しエビを原料にした、香港生まれの調味料。うま味が濃く、かくし味に最適。

甜麺醤《テンメンジャン》

小麦粉に麹を加えて発酵させた甘みそ。ホイコーローや北京ダックなどに使われる。

海鮮醤《ハイセンジャン》

ごまやにんにくがブレンドされた甘みそ。見た目は甜麺醤に似ているが、香辛料の風味が豊かなのが特徴。

豆板醤《トウバンジャン》

そら豆を原料に、塩や唐辛子を加えた辛みそ。炒め物や和え物に、さわやかな辛みを添える。

豆豉《トウチ》

大豆を発酵させたもの。かなり独特の香りだが、炒めると香ばしくなる。麻婆豆腐や魚の蒸し物に。

紹興酒《ショウコウシュ》

もち米と小麦麹で造られた醸造酒。独特の風味は、中国料理に欠かせない。

酒醸《チューニャン》

もち米を発酵させた、甘酒に似た調味料。上品な甘みが、プロにも愛好されている。

香醋《コウズ》

酸味も香りもマイルドな黒酢。色もやや薄い。酢豚や、餃子のたれに。

腐乳《フールウ》

豆腐を塩漬けにして発酵させ、麹に漬けたもの。野菜炒めの具や、おかゆのつけ合わせに。

味噌《みそ》

種類も栄養も豊富！ めくるめく みそワールド

みそはしょうゆと並ぶ日本の代表的な調味料。ご飯とみそ汁が並ぶ姿は、日本の食卓を表す象徴的な風景です。

豊かな風味と奥深い味わいだけでなく、大豆から造られるみそは植物性たんぱく質に富み、人間に欠かせない必須アミノ酸が8種類すべて含まれるという栄養面にも注目したいところ。

みそほど地域性のはっきりした調味料はほかになく、土地ごとの食文化や風土を色濃く反映した多彩な顔ぶれも魅力的です。

名称　末醬、美蘇
Miso

おもな原料（米みそ）
大豆、米麹、塩

年間消費量
1人あたり：3.5 kg

Data（大さじ1あたり）
重量：18g

●米みそ・淡色・辛口
塩分換算量：2.2g
エネルギー：33kcal

●米みそ・甘口
塩分換算量：1.1g
エネルギー：37kcal

効果

●肉や魚をやわらかく
みそには、たんぱく質を分解する酵素がある

●色素に抗酸化力あり
みその褐色色素メラノイジンには、抗酸化作用があるとされる

●うま味アップ
原料である大豆のたんぱく質が、うま味成分になっている

保存法
冷蔵庫での保存が基本。表面が乾燥しがちなので、容器のなかでも表面にラップをして、空気に触れさせない。

麦

大豆、麦麹、塩で造るみそ。農家が自家用にしていたことから「田舎みそ」の別名もある。バランスのとれた奥深い味わい。

米

大豆に米麹、塩を加えて造るみそ。国内生産量の80％を占める。米麹の比率が高いものは甘みそ、低いものは辛みそと呼ばれる。

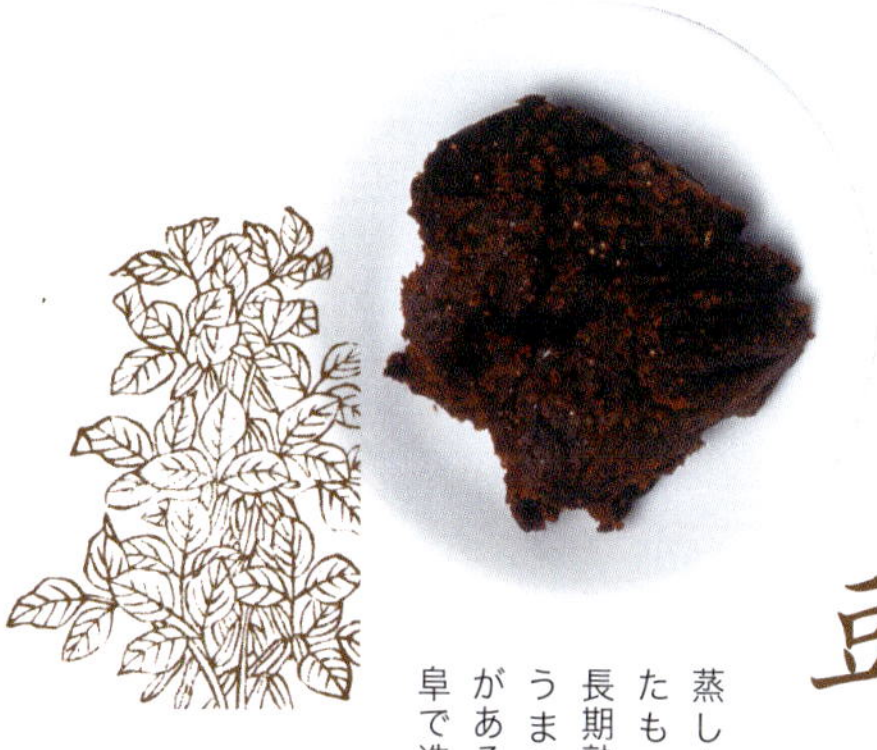

豆

蒸し大豆を直接麹にしたものと塩を合わせて長期熟成させる。濃厚なうま味とかすかな渋味がある。愛知・三重・岐阜で造られる。

さまざまな顔ぶれを材料や色、味でわかりやすく

ひとくちに「みそ」といっても、地域によって原料や製法が異なり、見た目も風味も多種多様。これらを分類するときに基準となるのが「原料」「味」「色」です。

原料とは麹の種類のことで、大豆に米麹を加えて造るものは米みそ、麦麹を加えるものは麦みそ、大豆自体に麹菌をつけて造る豆みそ、と分類されています。また、米みそと麦みそと豆みそというように異なる原料のみそをミックスしたり、種類の異なる麹を混ぜたりして造る「調合みそ」もあります。

味は米麹や麦麹の割合、塩分の含有量などによって、甘口・辛口と分かれ、さらに色によって淡色・赤・白と区分されます。

各地の個性的なみそ

米
秋田糀▲
なめらかな口当たりのなかに骨太さを感じさせ、従来の秋田みそよりやや甘め。鶏肉や魚介にもよく合う。

米
越後玄米▶
米どころ新潟のみそ。玄米の麹ならではの、どっしりしたコクと豊かな香りが特徴。肉料理にも好相性。

米
江戸甘▲
米麹をたっぷり使用した、濃厚な甘味が特徴。濃赤褐色は、大豆を蒸す製法をとることで造られる。

米
仙台◀
伊達政宗がみそ蔵を建てたとされる、仙台の伝統的なみそ。赤い色と辛口の味が特徴。

他
信州五穀▶
大豆、米、麦、そば、ひえ、の5種の麹を使用してできる、バランスのとれた香りと味わい。豚バラと白菜の炒め物などによく合う。

米
信州吟醸白▲
大豆の外皮を削り、中心だけを使用した「吟醸酒」のようにぜいたくなみそ。まろやかで繊細。和え物やみそ汁など、ダイレクトに味わいたい。

米
高山糀◀
塩分を抑えて造られた、甘めのみそ。米麹の甘さと風味で、やわらかい味わい。

米

加賀糀▶

キリッとした味わいのみそ。元来は辛口のものが主流だったが、近年ではやや甘口が増えている。

米 豆

八丁赤出し▶

濃い色と独特の香りが特徴の八丁みそに、西京みそをブレンド。京都では「桜みそ」の名で親しまれる。

米

西京白▶

米麹特有の甘味が特徴のみそ。京都で好まれ、雑煮の味つけにも使われる。ぬたや田楽に最適。

米

広島からし▶

唐辛子を合わせて仕込んだ、しっかりとした辛味のみそ。唐辛子とみそが絶妙なバランスで、油もの、肉や魚介にぴったり。

麦

瀬戸内麦▶

麦麹の歩合が高いみそ。米みそより塩分が低く、さっぱりした甘味と香ばしさが特徴。焼きみそにしてもおいしい。

ラベルのおいしい話

一 生みそって？

発酵を止めていないみそ。発酵を止める方法には、加熱処理と酒精を加える方法があります。加熱処理していなければ「生」と表示できます。

二 「天然醸造」って？

加温によって醸造を促進していない、じっくり造ったみそ。添加物なども加えられていないものは、こう表記されています。

三 量り売りなら！

昔ながらの量り売りの店なら、香りとツヤの良い、透明感のあるみそを。店の人に、どんな料理に合うか尋ねながら買うのもおもしろいものです。

主流は米みそ。西日本では麦みそや豆みそも

北から南まで縦に長い日本列島では、地域によって風土が大きく異なります。地域の特性や嗜好に合ったさまざまなみそが各地で造られており、その多くに「仙台みそ」「信州みそ」などと土地の名前が冠されています。

みその生産量トップは、全国の総生産量のうち45%のシェアを誇る長野県。次いで愛知、群馬、北海道、大分、広島と続きます（平成23年12月調べ）。長野で造られるほとんどのみそが米みそで、関東、東北でも米みそが多く造られています。

麦みそのおもな生産地は中国、四国、九州地方。豆みそは愛知と三重でその大半が造られています。また調合みそでは、愛知では赤だしみそ、福岡や大分、宮崎では米と麦の合わせみそが多く生産されています。

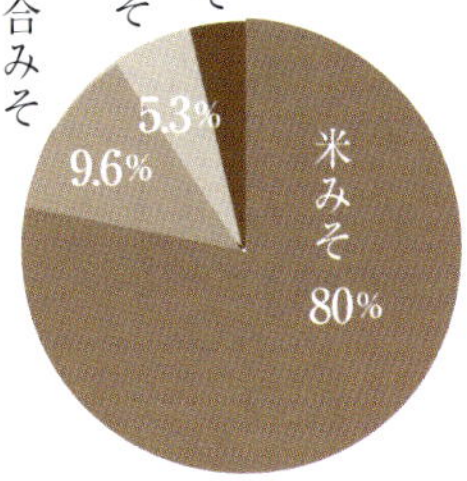

＜原料別のみそ生産量＞

年上がいい？

みそを自然の気候で熟成させた場合、熟成とともに味が変化します。1年目のみそは、麹の甘味が立っています。その後、熟成にしたがって甘味や塩かどがとれ、色も黒っぽく変化します。

異なる味をそろえて

みそは、辛口の赤みそと、甘い白みその両方を用意しておくと便利。食材の味や色に合わせて、使い分けたり組み合わせたりできます。仕切りに昆布を使うと、昆布のうま味が移っておいしくいただけます。

歴史

「未醤《みしょう》」から独自に広まったみそ文化

江戸時代からの製法を守り、二夏二冬熟成させる、八丁みそ。石を積み、重しをすることで、水分が少ない豆みそでもむらなく熟成できる。できあがったみそは保存性が高く、煮込んでも香りが失われにくい。

みそは、古代中国の塩蔵発酵物「醤《ひしお》」や大豆や穀類を発酵させた「豉《くき》」が起源とされ、それが飛鳥時代に日本に伝わり、独自に発展したものです。大宝律令（701年）に記録されている「未醤」の発音が「みそ」に近いことから、これが日本のみそのルーツといわれています。ちなみに味噌の「噌」の字は、日本語のみそにしか使われていません。

みそは当初、貴族階級や寺院に珍重されるほどの高級品でしたが、奈良時代になると労働者たちにも常食されるようになります。鎌倉時代には、粒みそをすりつぶした「すりみそ」でみそ汁が作られるようになり、「一汁一菜」という武士の食事の基本が確立。室町時代には政府の奨励により、大豆をはじめとした穀類の生産量が増え、一般庶民にも浸透します。

また豊臣秀吉の時代には、茶の湯の流行で懐石料理にみそが使われたことから、今に伝わるみそ料理の基礎が確立されます。

江戸時代には、伊達藩が軍事用のみそを造るために日本で初めてのみそ蔵（みそ工場）を設立します。江戸末期には人口の増加に比例して需要はますます増え、みそ屋が大繁盛。江戸のみそだけでなく、三河（愛知県・東部）の三州みそや仙台みそなども江戸に運ばれるようになりました。

現在では自家製みそを造る家庭は減少しましたが、しょうゆとともに日本の誇る代表的な調味料として、変わらず愛され続けています。

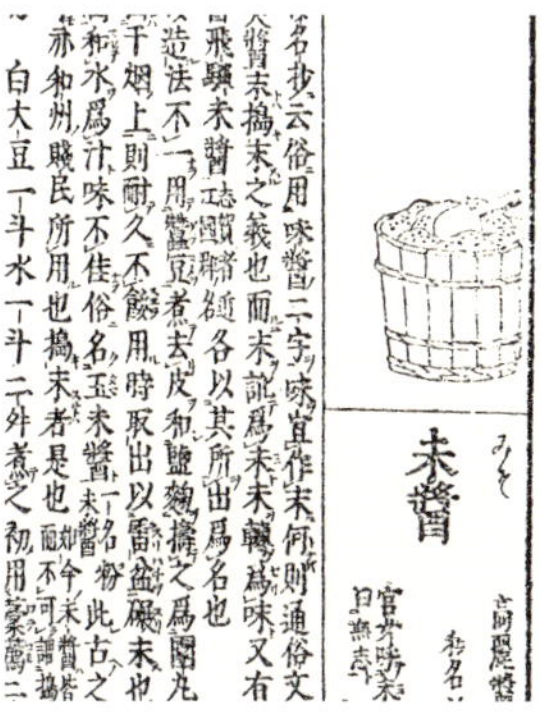

『和漢三才図会』のみそ。一日も欠かせない調味料として記される。

あなたのふるさとのみそはどんな味ですか？

3

肉みそのうま味があとを引く冷やし麺

〈岩手県〉じゃじゃ麺

材料（2人分）

豚ひき肉…200g
長ねぎ…10cm（みじん切り）
しょうが…1かけ（みじん切り）
にんにく…1かけ（みじん切り）
たけのこ…50g（みじん切り）
米みそ…大さじ5
A
砂糖…大さじ3
しょうゆ、酒、ごま油
…各大さじ1
サラダ油…大さじ2
きしめん…2玉
きゅうり…1本

作り方

1 フライパンにサラダ油を熱し、長ねぎ、しょうが、にんにくを炒める。豚ひき肉とたけのこを加え、色が変わったらAを加えて炒める。

2 きしめんをゆで、きゅうりのせん切りとともに盛りつける。

1 〈北海道〉石狩鍋

秋から冬にかけて石狩川に産卵にくる鮭を使った鍋。じゃがいもやにんじん、ねぎなど、野菜のぶつ切りを加える。仕上げに山椒をふりかけると美味。

2 〈秋田県〉焼きみそきりたんぽ

もとは、きこりの携帯食だった焼きおにぎりを、もてなし料理用に棒にぬりつけて焼いたもの。現在では鍋の具材として有名だが、田楽風に仕立てて食べることもある。

4 〈千葉県〉なめろう

アジ、サンマなど青魚の三枚おろしに、ねぎ、青じそ、しょうがなどとみそを合わせて包丁でたたいたもの。皿までなめるほどうまいことが、名の由来とされる。

5 〈富山県〉いとこ煮

根菜類を煮て、下ゆでした小豆を加えた煮込み料理。浄土真宗の宗祖、親鸞の命日前後の法要で食べられていることから、「遺徳煮」が語源ともいわれる。

6 〈愛知県〉みそかつ

東海地方名産の豆みそに、だしや砂糖を加えたたれが特徴。ある食堂で、どて煮の鍋にとんかつを落としてしまい、まかないとして食べたのが始まりとされる。

7 〈京都府〉白みそ椀

京都では、みそ汁以外にも多くの料理に白みそが使われる。京の都は海がなく、塩が貴重品だったことから、みそも薄塩で米麹の味が活きるものとなった。

8 〈愛媛県〉じゃこみそご飯

夏場、売り物にならない小さいじゃこを利用して作った保存食。みそ、砂糖、みりんを火にかけ、トロッとしてきたらちりめんじゃこを混ぜる。

9 〈長崎県〉きびなごの酢みそ

頭と尾を取って開いたきびなごの刺し身を菊の花のように盛り、酢みそで食べる郷土料理。長崎のきびなごは繊細な味わいで形もよく、大きいのが特徴。

10 〈熊本県〉からしれんこん

ゆでたれんこんを陰干しし、からしみそを穴につめて、衣をつけて揚げる。手間がかかるので、秋祭りや正月のもてなし用に作られていた。

みそ専門カフェの新鮮でなつかしいみそレシピ

1 みそスープ仕立て

2 ごまクリームソース

3 トマトスープ仕立て

1 2 3 共通
基本のロールキャベツ

まずは基本のロールキャベツを作りましょう

材料（4人分）

あいびき肉…250g
キャベツ…1個
玉ねぎ…1個
しいたけ…2個
卵…1個
パン粉…20g
信州白みそ…40g
サラダ油、バター…各大さじ1
だし汁…1・5ℓ
こしょう…適量

作り方

1 キャベツはゆでて芯を切り取り、冷蔵庫で冷やす。玉ねぎとしいたけはみじん切りにする。

2 フライパンにサラダ油とバターを熱し、1の玉ねぎをよく炒める。しいたけを加えてサッと炒め、こしょうをふって冷ます。

3 2に、あいびき肉、みその半量、卵、パン粉を入れよく混ぜ合わせる。ピンポン玉大に具を分け、キャベツの葉の大きいものを1枚広げ、こぶりなものを2枚重ねて具をのせ、巻く。

4 大きめの平鍋に半量のだし汁を入れ、巻いたキャベツを並べる。残り半量のみそを加え、はじめは強火、だし汁を途中で足しながら中火で1時間煮る。

1 みそスープ仕立て

好みのみそでアレンジしてわが家の味に

材料
好みのみそ…適量
レモン…適量
かいわれ菜…適量

作り方
1 右記基本のロールキャベツのスープに、好みのみそを足して味つけする。
2 ロールキャベツを半分に切って皿に盛り、好みでレモンスライスとかいわれ菜を添える。

2 ごまクリームソース

香ばしいごまのコクがリッチな味わい

材料
白ごま…50g
信州白みそ…65g
砂糖…20g
マヨネーズ…60g
牛乳…60cc
青ねぎ…適量
いんげん…適量（ゆでる）

作り方
1 白ごまを香ばしく煎り、すり鉢でねっとりするまでする。
2 砂糖、信州白みそ、マヨネーズを順に混ぜ、牛乳で溶きのばす。
3 右記基本のロールキャベツを半分に切って皿に盛り、ソースをかける。好みで、青ねぎとゆでいんげんを添える。

3 トマトスープ仕立て

トマトのうま味でおいしさ倍増

材料と作り方
左の「完熟トマトで煮込んだ鶏のみそスープ」のスープで、ロールキャベツを煮込む。皿に盛り、縦に切ったゆでいんげんを飾る。

完熟トマトで煮込んだ鶏のみそスープ

材料（3〜4人分）
鶏もも肉…300g（ひと口大に切る）
完熟トマト…大1個（湯むきして種を取りざく切り）
玉ねぎ…1個（5㎜幅に切る）
しめじ…1／2パック（ほぐす）
セロリ…1本（1㎝幅になしなめ切り）
トマトジュース…1缶
にんにく…1かけ（みじん切り）
バター…大さじ1
こしょう…少々
辛子麹みそ…50g
白ワイン…1／2カップ
サラダ油…大さじ1

作り方
1 フライパンにバターを溶かし、にんにくを入れて香りをだす。鶏肉を加えて炒め、こしょうをふる。白ワインを入れ、アルコールを飛ばすように炒める。
2 別の鍋に、サラダ油で玉ねぎ、しめじ、セロリを炒める。
3 1を2の鍋に入れ、トマトジュース、トマトを入れ煮込む。
4 水分が足りなければ水を少し入れ、みそを加えさらに煮込む。

西京みそのチーズケーキ

チーズとみその甘い出合い

材料（円形ケーキ型1台分）
クリームチーズ…250g（常温にしておく）
ケーキ用マーガリン…50g（常温にしておく）
卵…L2個（常温にしておく）
上白糖…65g
西京白みそ…50g
小麦粉…15g
ベーキングパウダー…小さじ1弱
ごま…少々

作り方
1 クリームチーズとマーガリンをしっかりミキサーで混ぜる。
2 卵、上白糖、小麦粉、ベーキングパウダー、みそを順に加え、混ぜる。
3 型に生地を流し込み、ごまをふる。
4 オーブンの天板にお湯を張り、160℃で45分焼く。

春 レタスのみそ汁

材料（4人分）
レタス（緑の外葉）…小1株分
えのきだけ…1袋
だし…3カップ半
米みそ…大さじ3
吸い口（あらびき黒こしょう）
…適宜

作り方
1 レタスは洗って水気をきり、大きめのひと口大にちぎる。えのきだけは根元を切り落とし、半分の長さに切る。
2 鍋にだしを入れて火にかけ、温まったらみそを溶き、レタスとえのきだけを入れる。沸騰直前で火を止めて椀に盛り、黒こしょうをふる。
※レタスの内葉は加熱すると茶色っぽくなるので、緑色の外葉を使うほうがよい。

春 青のりとゆで卵のみそ汁

材料（4人分）
生青のり…大さじ4
ゆで卵…2個
だし…3カップ半
米みそ…大さじ3

作り方
1 ゆで卵は1個を縦に4等分する。椀に4等分した青のりとゆで卵を入れておく。
2 鍋にだしを入れて火にかけ、みそを溶き、沸騰直前で火を止め1に注ぐ。

春 アスパラと新キャベツのみそ汁

材料（4人分）
グリーンアスパラガス…4本
新キャベツ…2枚
だし…3カップ半
米みそ…大さじ3
吸い口（木の芽）…適宜

作り方
1 アスパラガスは根元3分の1の皮をむいて2㎝ほど切り取り、ななめ薄切りにする。キャベツはざく切りにするかちぎる。
2 鍋にだしを入れて火にかけ、温まったらみそを溶き、アスパラとキャベツを入れて沸騰直前で火を止める。
3 椀に盛り、木の芽をのせる。

夏 豚ときゅうりのみそ汁

材料（4人分）
豚バラ薄切り肉…150g
きゅうり…1本
だし…3カップ半
豆みそ…大さじ3
吸い口（しょうが、粉ざんしょうなど）…適宜

作り方
1 豚肉は2〜3㎝幅に切る。きゅうりは皮をしま目にむいて5㎜幅にななめ切り。
2 鍋にだしを入れて火にかけ、煮立ったら豚肉を入れて箸でほぐし、アクを取り除いて、きゅうりを入れ、みそを溶く。
3 沸騰直前で火を止めて椀に盛り、せん切りにしたしょうがをあしらう。

夏 油揚げとししとうのみそ汁

材料（4人分）
油揚げ…1枚
ししとう…6本
だし…3カップ半
米みそ…大さじ3

作り方
1 油揚げは1㎝角に、ししとうは小口に切る。
2 だしに油揚げを入れ、煮立ったらみそを溶き入れ、ひと煮して、ししとうをパッと加え、火を止める。
※ししとうのほか、京都の万願寺、伏見唐辛子などでもおいしい。

夏 オクラとトマトの冷みそ汁

材料（4人分）
オクラ…6〜8本
トマト…大1個
だし…3カップ
東海豆みそ…大さじ3

作り方
1 オクラは塩（分量外）でもみ、軽くゆでて水にとり、食べやすく切る。トマトは湯むきして種を除き、ひと口大に切る。
2 だしを煮て、みそを溶き、オクラとトマトを加えて冷やす。

秋

なすのみそ汁

材料（4人分）
なす…4個
だし…4カップ
米みそ…大さじ4
青じそ…8枚
七味唐辛子…適宜

作り方
1 なすはへたと皮を除き、縦6等分に切って塩水（分量外）に5分さらす。青じそはせん切りに。
2 だしを煮立て、水気をきったなすを中火でやわらかく煮たら、みそを溶き入れる。
3 器に盛り、青じそをちらし、七味唐辛子をふる。

秋

山いもの落とし汁

材料（4人分）
山いも…200g
だし…1カップ
白みそ…大さじ3
吸い口（焼きのり）…1枚

作り方
1 山いもは皮をむいてすりおろす。
2 鍋にだしを入れて火にかけ、温まったらみそを溶く。山いもを静かに入れ、沸騰直前で火を止めて椀に盛り、焼きのりをちぎってのせる。

秋

きのこのみそ汁

材料（4人分）
A しめじ…2袋
A えのきだけ…1袋
A エリンギ…1本
米みそ…大さじ3
だし…3カップ半
吸い口（みつば）…適宜

作り方
1 Aを食べやすく切り分け、だしで煮る。
2 みそを溶き、沸騰直前で火を止める。
3 椀に盛り、細かくきざんだみつばをちらす。

冬

カマンベールチーズのみそスープ

材料（4人分）
カマンベールチーズ…1個
じゃがいも…300g
長ねぎ…1本
だし…3カップ半
米みそ…大さじ2と1／2
吸い口（みつば、せり、黒こしょうなど）…適宜

作り方
1 じゃがいもは皮をむいてひと口大に切り、水にさらす。長ねぎは縦4等分にして3㎝長さに切る。
2 鍋にだし、じゃがいも、長ねぎを入れて火にかけ、煮立ったら弱火にして、じゃがいもがやわらかくなるまで煮る。
3 みそを溶き、カマンベールチーズをちぎって入れ、沸騰直前に火を止めて椀に盛る。みつばをちらし黒こしょうをふる。

冬

焼きねぎのみそ汁

材料（4人分）
長ねぎ（白い部分）…2本
だし…3カップ
米みそ…大さじ3

作り方
1 長ねぎは長さを2等分して焼き網でしんなりとするまで焼き、食べやすい長さに切る。
2 鍋にだしを入れて温め、みそこしにみそを入れて溶く。
3 1を入れて軽く火を通す。

冬

大根とベーコンのみそ汁

材料（4人分）
大根…約100g（3㎝）
ベーコン…1〜2枚
にんじん…約20g（3㎝）
だし…3カップ
米みそ…大さじ3
吸い口（あらびき黒こしょう）…適宜

作り方
1 大根とにんじんは厚めに皮をむいて、いちょう切りにする。ベーコンはひと口大に切る。
2 だしにベーコン以外の1を入れて火にかけ、煮立ったら弱めの中火にし、ふたをしてやわらかくなるまで4〜5分煮る。
3 ベーコンを入れて煮たら、みそを溶き入れ、ひと煮立ちさせる。お椀に盛り、黒こしょうをふる。

湯通しした貝や
わけぎに添えて

ぬたみそ

材料（2人分）

米みそ…大さじ1
みりん…大さじ1
砂糖…小さじ1
しょうゆ…小さじ1／2
ゆずの皮のすりおろし…少々

作り方

すべての材料を混ぜ合わせ、ゆでた野菜などを和える。

秋に欠かせない
代表的な煮魚に

八丁みその さばみそ煮汁

材料（さば1尾分）

調味料
八丁みそ…大さじ4
みりん…大さじ4
しょうゆ…大さじ2
煮汁
酒…大さじ4
砂糖…大さじ4
しょうが…2かけ（薄切り）
だし…1カップ

作り方

煮汁を煮立て、さば（分量外）を入れて煮る。調味料を加え、さらに2〜3分煮る。

ごまとみその香りが
ふろふき大根を引き立てる

ふろふき 赤ごまみそ

材料（大根1／2本分）

赤みそ…100g
だし…大さじ3
砂糖…大さじ3
酒…大さじ2
白練りごま…大さじ1

作り方

小鍋にすべての材料を入れ、弱火にかけてトロリとなるまで練り上げる。

炊きたてのご飯にのせても
なすを炒めてもおいしい

青じそみそ

材料（2人分）

米みそ…100g
砂糖…大さじ6
酒…大さじ2
しょうゆ…大さじ1
青じそ…1束

作り方

1 調味料を鍋に合わせて中火にかけ、ぼってりとするまで練り、火を止める。
2 みじん切りにした青じそを加え、混ぜる。

おでんに添えるほか
野菜や肉の炒め物にも

しょうがみそ

材料（2人分）

赤みそ（甘口）…100g
砂糖…大さじ3
みりん…大さじ2
しょうが汁…小さじ2

作り方

調味料を鍋に合わせて中火にかけ、ぼってりとするまで練る。火を止め、しょうが汁を加えて混ぜる。

生野菜のディップはもちろん
青菜の和え衣にも

くるみみそ

材料（作りやすい分量）

むきくるみ…100g
田舎みそ…大さじ6
砂糖…大さじ5
しょうゆ…大さじ1
だし…適量

作り方

1 くるみは熱湯につけ、冷めるまでおいて渋皮をやわらげ、竹串で渋皮をむく。
2 細かくきざみ、すり鉢で油がにじむくらいに充分すり混ぜる。
3 調味料を加えてすり混ぜ、だしを少しずつ加えペースト状にする。

ご飯のお供に。
サッと焼いた肉につけても

南蛮みそ

材料（作りやすい分量）
八丁みそ…大さじ3
砂糖…大さじ3
しょうゆ…大さじ1
トマトケチャップ…大さじ2
酢…大さじ3
ごま油…大さじ1
一味唐辛子…小さじ2／3

作り方
すべての材料を混ぜ合わせる。

魚の切り身を漬け込むほか
だしで溶いて、京風雑煮にも

西京みそ床

材料（2人分）
西京みそ…300g
酒…大さじ3

作り方
西京みそに酒を少しずつ加え、みそをやわらげる。かつおや鶏もも肉などお好みの素材を漬ける。

もやしやにらの炒め物にも合う
使い回せる味

回鍋肉《ホイコーロー》の合わせ調味料

材料（作りやすい分量）
しょうゆ…大さじ2
砂糖…大さじ1／2
赤だしみそ…大さじ2
A
長ねぎ…1／2本（ななめ切り）
にんにく…1かけ（つぶす）
しょうが…1かけ（細切り）
赤唐辛子…1本

作り方
1 調味料をよく混ぜ合わせる。
2 中華鍋でキャベツをサッと炒めて取り出し、Aを炒める。豚バラ肉やたけのこなどお好みの具材を炒め合わせ、1を加える。

焼きおにぎり、焼きなすに添えたり
だしでのばしてみそ汁にも

ねぎみそ

材料（2人分）
A
米みそ…150g
みりん…1／2カップ
長ねぎ…1／2本（みじん切り）
だし…1／4カップ
しょうゆ…小さじ1
ごま油…小さじ1
みょうが…2個（小口切り）
白すりごま…大さじ1

作り方
1 フライパンにごま油を熱し、長ねぎを炒めて香りが立ったらAを加えてよく練る。
2 1の水分が飛んだら、だしを加えてさらに練り、とろみがついてきたらみょうがを加えて和える。
3 しょうゆをまわしかけ、すりごまを加えて混ぜる。

酒のあてにもぴったり。
ゆでた鶏肉や、野菜に合わせて

ごまみそ

材料（2人分）
米みそ…80g
A
みりん…小さじ1
万能ねぎ…1〜2本分
かつお節…3g
練りごま…大さじ1と1／2

作り方
1 ボウルにみそとAを入れて練り混ぜる。
2 アルミホイルに1を薄く敷いてグリルなどで表面に焦げ色がつくくらい5〜6分焼く。
3 2のアルミホイルからみそをすくってボウルに戻し、練りごまを加えて和える。

大豆、麹、食塩。3つの材料で造る豊かな風味

みそ造りの工程は、じつにシンプル。大豆を、煮たり蒸したりしてつぶしたものに麹と塩を加えて、寝かせると完成します。寝かせる期間は造るみその種類によって大きく異なり、一般に甘みそは短く、辛みそは長くなります。

この工程での微生物の働き方（＝発酵）こそが味の決め手。気候風土と、それぞれの蔵によって異なる微生物が影響します。酵素と微生物が関わる発酵の管理は難しく、特に温度の調整が重要です。このとき、人工的に温度を上げると短期間で発酵が進みます。この方法は「加温醸造」と呼ばれる、安定した商品を供給する技術です。一方、四季の変化を利用して、ゆっくり発酵させる方法を「天然醸造」と呼びます。

多くの製品は出荷前に発酵を止めるため、熱処理やアルコール（酒精）の添加を行います。こうした処理を行わないものが生みそ。酵素による発酵が続くので、容器の破裂などに注意が必要です。

大豆を浸す

大豆を蒸す

うすときねでつく

造り方（米みそ）

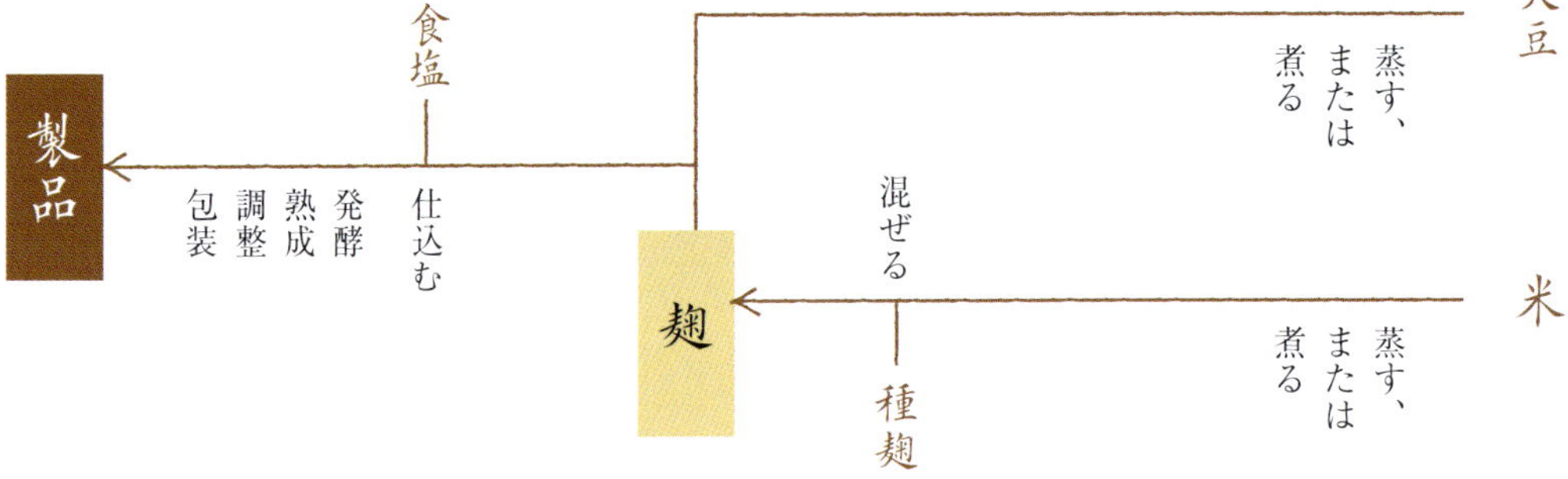

米や大豆を蒸す

広げて麹をまぶす

たるに仕込んで寝かせる

レシピ

手造りの味がうれしい

手前みそ

造り方

下ごしらえ

1 ポリ袋に麹を入れ、分量の塩を片手1杯分残して加える。均一になるよう、よく混ぜる。冷蔵庫に入れなじませておく。

2 ボウルに大豆を入れてザッと洗い、分量の水にひと晩つける。

3 豆をざるにあげて大きな鍋へ移し、豆の倍量の水（分量外）で煮る。指で押してつぶせる程度のやわらかさになるまで、3時間から5時間ほど煮る。

材料（作りやすい分量）

大豆…500g
生麹…500g
塩…200g
水…1・5ℓ

一 豆をざるにあけて煮汁と豆に分ける。豆はフードプロセッサーで、5回くらいに分けてすりつぶす。

二 つぶした大豆と麹を、麹の粒がつぶれないように混ぜる。仕上がりが耳たぶ程度の硬さになるよう、1の煮汁を加えて調整する。

三 仕込み容器はよく洗い、35度以上の焼酎で消毒しておく。2をひと握りの団子状にし、分けておく。

四 容器に3の団子を、空気を抜きながらぴったりと詰め込む。すべて詰めたら表面をならし、下ごしらえの残りの塩を一面にまぶす。さらに空気が入らないようラップし、落としぶたをする。落としぶたが浮かないよう水を入れたペットボトルをのせ、ふきんか紙でおおってひもで閉じる。

五 冷暗所に保管して熟成させる。2か月おきにカビが生えていないか点検し、あれば表面を取り除いて再度包み直す。春先に仕込み、夏を越えたら食べごろ。

調味料の保存場所

基本

しっかり閉めて

すべての調味料の敵は酸化。容器のふたをきっちり閉めるのが基本となる。

減ったら詰めて

中身が減ってきたら、小さい容器に移し替える。チューブボトルは、上部を折ってクリップなどでとめて。

冷暗所はどこ？

昔の住宅にあった、納屋や北側の裏玄関、床下収納など。現代の住宅に適所は少ないので、冷蔵庫にしまうのが安全。

使いきり術

味が落ちたら、しょうゆや油などはスパイスやハーブで香りを補ってみて。塩や酢は、掃除などにも使える。

〈常温〉吊り戸棚

手の届きやすい範囲に置こう。

みりん
冷蔵庫で保存すると、糖分が固まる。

砂糖
湿度と温度の変化に弱いので、棚で保存。

油
光と酸素が大敵。湿気が多いと、びんのふたがサビるので注意。

酢
殺菌力は強いが光と高温は避けて。

〈1～5℃〉冷蔵庫

庫内の温度差と、乾燥に注意。

しょうゆ
酸化が大敵。開栓後はしっかりふたをして。

みそ
容器のなかでも表面にラップをし、空気に触れないように。

ソース
使うときは、前もって皿に移しておくと、料理を冷やさずにすむ。

ケチャップ
トマトの水分が分離するので、逆さ置きするともれてしまうことも。

〈室温〉こんろ下

火元に近い上段は、調理中温度が上がるので注意。置くなら下段に。

塩
大敵は湿気。密閉容器に入れ、常温保存を。

〈湿度が高い〉流しの下 ×

湿度が高く、温水が流れるので意外と高温。調味料ではなく、洗剤かボウルなどの道具を置いて。

〈5～7℃〉野菜室

冷蔵庫より温度が高く、湿気がある。

マヨネーズ
0℃以下になると油が分離してしまうので、冷やしすぎは厳禁。

〈マイナス18℃〉冷凍庫

常温との温度差が大敵。使うぶんだけ出し、すぐに戻す習慣をつけて。

みそ
意外なことに、冷凍保存できる。

だし
まとめてとったら冷凍保存を。

かつお節
風味が飛びやすいので、袋の空気を抜いて冷凍を。

煮干し
酸化しやすい。開封したら冷凍庫へ。

酢

穀物・米・果実・そのほか

味淋

本みりん・みりん風・発酵調味料

酒

清酒・料理酒・醸造酒

麹

塩麹

す

酢

名称　酢、須
Vinegar

おもな原料（純米酢）
米、米麹、酵母、酢酸菌

年間消費量
１人あたり：3.1ℓ

Data（大さじ１あたり）
重量：15g

●穀物酢
塩分換算量：0g
エネルギー：5kcal

●米酢
塩分換算量：0g
エネルギー：9kcal

効果

●防腐効果
強い殺菌力がある

●脂をさっぱりさせる
脂っこい料理に加えると、油の粒子を小さく均一にし、食べやすくする

●コクと甘みを増す
煮込み料理に加えると味がまろやかになり、甘みが増す

●カルシウムを吸収しやすくする
酢の酢酸は食材のカルシウムを引き出すため、消化吸収しやすくなる

保存法
殺菌力が強いので、常温で保存可能。ただし光と高温は苦手なので、冷暗所での保存を。

体にもおいしい酢の底力

さわやかな酸味で料理をさっぱり仕上げる酢。酒と同様に歴史が古いといわれますが、それは酢が酒から造られる調味料だからです。糖分があれば穀類や果実などなんでも原料にでき、材料によって風味の異なるさまざまな酢が販売されています。

世界にも数多くの酢の仲間が存在しますが、水稲文化圏に属する日本では米から造った酢が一般的。昔から体によいとされ、調味料として親しまれてきました。

穀物酢

穀物を原料にした酢。米酢、穀物酢、モルトビネガーなどがこれにあたる。

果実酢

果物を原料にした酢。りんご酢、ワインビネガー、バルサミコ酢など。

そのほか

穀物と果実以外の原料から造られた酢。原料がいも類や野菜のものもある。

酢の種類はお酒の数だけある？

私たちが口にしている醸造酢は、「酒」から造られます。「酒」は穀物、果物、野菜のほか、サトウキビやいも類などさまざまな原料から造ることができます。

日本ではおもに、米や麦、酒粕などを原料にした酢が造られています。世界の国々でも、その国固有の酢が造られます。ぶどうから造るイタリアのバルサミコ酢、大麦から造るイギリスのモルトビネガー、コーンやサトウキビから造るアメリカのホワイトビネガーなどが知られています。

近年では、果実や野菜から造った、バラエティー豊かな製品も増えました。また、同じ米酢でも原料や製法にこだわったメーカーの製品も、通信販売で購入しやすい環境が整っています。奥深い酢の世界を、楽しみましょう。

米酢▶

コクのある、まろやかな味で、和食に使われることが多い。米だけを原料にしたものは純米酢と呼ばれる。

穀物酢▶

すっきりした味わいで、幅広い用途に使えるポピュラーな酢。小麦や米、とうもろこしなど、2種以上の穀物を使用している。

黒酢◀

酸味のカドがなく、飲用にもしやすい酢。米や大麦を原料にし、麹菌の働きで、熟成とともに琥珀《こはく》色になったもの。

▲りんご酢

フルーティーで軽い味の酢。サラダやマリネのほか、甘みをつけてサワードリンクにしても。

ワインビネガー▼

ぶどう果汁から造られた酢。ワイン同様、赤と白があり、肉料理、魚料理など好みで使い分けられる。華やかな味わい。

▲香醋《こうず》

もち米を原料にし、熟成させて造る中国のお酢。豊かなうま味と、おだやかな香りが特徴。水餃子や肉まんなどの点心や、魚介類のたれに最適。

バルサミコ酢▶

本来は、ぶどうの果汁を煮詰め、木樽で12年以上熟成させて造るぜいたくな酢。量産品は、ワインビネガーに着色・調味して造られる。

原料と製法を確認しよう

同じ「酢」という調味料でも、原料と製法はさまざま。伝統的な造り方をしているメーカーは、まず穀類や果物から酒を造り、その酒を酢酸発酵させます。この「酒を造る」工程を省いたのが、原料にアルコールが入っている量産タイプ。原料や設備、手間を省くことで、低価格の製品を製造しています。

また、「酢酸発酵」の工程も、製品によって違いがあります。伝統の製法は、ゆっくりと発酵させる「静置発酵」や「壺造り」。

原料にアルコールの記載がなく、「静置発酵」か「壺造り」の製法をとっているのが、伝統的な造り方の「酢」です。

一 伝統製法の酢

穀類や果物をアルコール発酵させもろみを造り、じっくり酢酸発酵させて製品にする。

二 量産型の酢

アルコールに、穀類や果物で風味づけしたものを短期間で酢酸発酵させ、製品にする。

基準は国によりさまざま

米や果実から酒を造り、さらに発酵させて造っていた酢は、とても高価な調味料でした。工業化が進み、さまざまな原料から製造されるようになって、ようやく日常的に使える価格になっていったのです。

一方で、現在でも米や果実などのぜいたくな原料から酒を造り、酢を醸す、昔ながらのメーカーもあります。たとえば米酢なら日本酒を造り、酢を造ります。

安価で安定供給される酢と、少々高価でも原料から吟味された酢を選ぶことができる現代ですが、日本の表示基準では、違いがわかりにくいかもしれません。

イタリアのバルサミコ酢は、現在でも昔ながらの製法を守る働きがあり、ハイクラスの「トラディショナル・バルサミコ酢」という表記をするために、ぶどうの品種、12年の熟成期間など、いくつもの規格を設けています。

ラベルのおいしい話

一 酸度ってなに？

酢に含まれる、酢酸などの有機酸の割合。酸味以外の甘みやうま味を加えて味を感じるので、必ずしも酸っぱさを表すものではありません。

二 アルコールって？

穀類や果物をアルコール発酵させる手間を省くために添加される、サトウキビやタピオカから造った蒸留酒のこと。

三 原料の量

米酢1カップに使用されるお米の量は、JAS規格で8g以上。8gで造るメーカーもあれば、その数倍量を使用するメーカーもあります。メーカーサイト等で調べてみては。

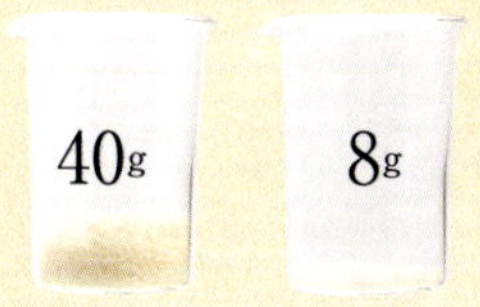

a社　b社

コラム

お酢や母娘　暮らしのレシピ帳

明治26年創業、京都で119年続く飯尾醸造は、真心のお酢やです。伝統の製法を守り、酢の原料となる米から、田に苗を植え、自分たちで育てています。

そんなお酢やの4代目おかみ、さとみさんと、娘の淳子さんは、お酢を何倍も楽しむアイデアを生む名人。料理に、暮らしに、お酢を活用しています。

疲れた体をいたわり、元気をくれる。お酢という調味料を家族の体へ届けたい。そんな愛情が生んだ、飯尾家のレシピです。

飯尾さとみさん・淳子さん

富士酢醸造元、飯尾醸造のおかみと娘。著書『京都のお酢屋のお酢レシピ』（アスキー）が発売中。飯尾醸造HPでもレシピを公開。

お弁当にもぴったりの彩り豊かなきんぴら

すっぱい豚きんぴら

材料（4人分）

豚肉の薄切り…130g
ごぼう…1本
にんじん…1/2本
大葉…10枚（せん切り）
サラダ油…大さじ1

A
純米酢…大さじ1
しょうゆ…大さじ2弱
酒…大さじ2

作り方

1 ごぼうは皮をこそげて、薄くななめ切りにする。酢水（分量外）にさらしてアクを取り、水気をきる。
2 にんじんは2～3㎜厚さの短冊切りにし、豚肉は適当な大きさに切っておく。
3 フライパンにサラダ油を熱し、豚肉、ごぼう、にんじんを加えて強火で炒める。八分くらい火がとおったら、Aを加えて煮含める。
4 器に盛り、大葉を天盛りにする。

飯尾醸造のお酢は、お米で酒を仕込むところから、じっくり造っています。ゆっくり熟成された酢は、まろやかな風味で料理にうま味を与えます。

トロリとやさしい黄身酢は湯煎で仕上げて

エビとアスパラの黄身酢和え

材料（4人分）

むきエビ（ボイル）…150g
アスパラガス…4本
米酢…少々

A
米酢…大さじ1
卵黄…4個分
本みりん…大さじ1強
砂糖…大さじ3
塩…少々
淡口しょうゆ…小さじ2
だし…80cc

作り方

1 小鍋にAをすべて入れ、混ぜ合わせてから湯煎にかけ、ゴムべらで混ぜながら練る。ゴムべらからポタッと落ちるくらいになったら、氷水に当てて冷ます。
2 アスパラガスは根元の皮をむいてゆがき、3cmの長さに切る。エビとアスパラガスを少量の酢で和え、下味をつける。
3 皿に2を盛り、1をかける。

春菊の歯ざわりを残して風味よく

春菊と大根、油揚げのごま酢和え

材料（4人分）

油揚げ…1枚
春菊…1パック
大根…10cm
塩…少々

A
米酢…大さじ2
すりごま…大さじ2
しょうゆ…小さじ1
砂糖…小さじ2
塩…小さじ1／2

作り方

1 大根は長さ4cm、厚さ3mmのせん切りにし、塩をふっておく。しんなりしたら水でサッと洗い流し、水気をしぼる。
2 油揚げはトースターでパリッと焼き、長さ4cm、幅3mmに切って冷ましておく。
3 春菊は熱湯で硬めにゆで、冷水にとる。4cmの長さに切り、水気をしぼる。
4 ボウルにAを入れてよく混ぜ合わせ、1、2、3を和える。

もやしのひげ根に酢

もやしのひげ根を取る時間がないときは、酢を加えた湯でサッとゆでて。青臭さを取り除ける。

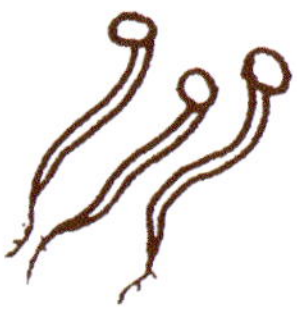

桃色寿司

紅いもの酢で作る、ピンクのお寿司

材料（4人分）

ご飯（炊きたて）…3合

A
寿司酢…大さじ3
紅いも酢…大さじ3
砂糖…大さじ1と1/2
塩…2つまみ弱

鮭缶（180g）…1缶

B
砂糖…大さじ2
酒…大さじ1/2
淡口しょうゆ…小さじ1/4
塩…小さじ1/2
しょうがのしぼり汁…小さじ1

紅しょうが…適量
グリーンピース…適量

作り方

1 飯台に、炊き上がったご飯をこんもり山高に盛り、混ぜ合わせたAを回しかける。しゃもじできるようにして手早く混ぜ合わせ、うちわで水気を飛ばしながら艶よい酢飯に仕上げる。

2 鮭缶から鮭を取り出して皮と水分を除き、木べらで細かくつぶす。

3 フライパンに2とBを入れて混ぜ、弱火にかける。全体を木べらで細かくきりながら15分ほどかけてじっくり炒り、そぼろ状にする。

4 1が人肌くらいに冷めたら花型の半分弱くらいの高さまで詰めて平らにならし、上に3の半量をちらす。さらに1を詰めて平らにならし、残りの3をちらす。

5 型から抜いて器に盛り、花型に抜いた紅しょうが、グリーンピースを飾る。

お酢やの麻婆豆腐

酢を入れることで
さっぱりしてコクもでる

材料（4人分）

木綿豆腐…2丁（600g）
豚ひき肉…200g
長ねぎ…1本（みじん切り）
にんにく…1かけ（みじん切り）
赤唐辛子…1本（小口切り）
片栗粉…大さじ1強
水…大さじ1強
さんしょう…適宜
サラダ油…大さじ1強

A
酢…大さじ2
しょうゆ…大さじ2
みそ…大さじ2と1／2
砂糖…大さじ2
豆板醤…適量
水…120cc

作り方

1 ボウルにAを混ぜ合わせておく。豆腐を軽く水きりし、1・5cm角のさいの目切りにする。
2 フライパンに油を熱し、にんにくと赤唐辛子を炒め、ひき肉を加えてよく炒める。
3 豆腐とAを加え、軽く煮込む。ボウルに水と片栗粉を混ぜておく。
4 3にねぎを加えて、フライパンをゆすりながら水で溶いた片栗粉をまわし入れ、とろみをつける。
5 皿に盛りつけ、好みでさんしょうをふる。

花の水切りに酢を

水切りした茎の断面に、酢をつけてから活けると、花が長持ちする。花びんの水に数滴入れるのも効果的。

イワシも酢で締めて

酢には殺菌効果があるので、夏場の魚は酢締めがおすすめ。イワシなら、塩で1時間、酢で30分ほど締めればOK。

飯尾醸造では、原料となる米から無農薬で育てる。夏の棚田は、ハッと息をのむほど美しい。

カルシウム豊富な食材に

小松菜のおひたしや焼き魚を酢じょうゆで食べると、カルシウムの吸収率がアップ。

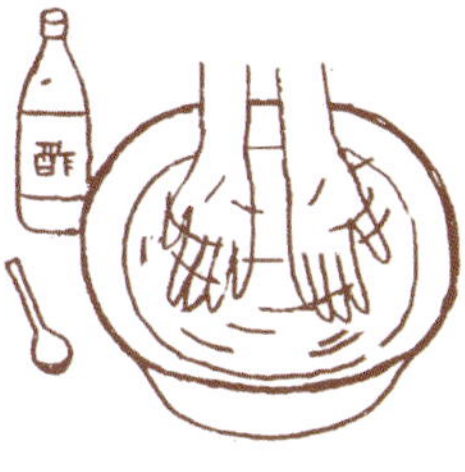

酢洗顔でスベスベに

肌の調子が悪いときは、石けんを洗い流したら、洗面器の水に小さじ1の酢を入れたものですすいで、真水で洗い流す。肌がスベスベに。

寝る前にお酢を飲んでリラックス

なかなか寝つけない夜に、盃1杯のお酢を、お湯で薄めて飲むとリラックスできる。朝の目覚めもすっきり。

ドレッシング

アレンジ自在な
基本のドレッシング
フレンチドレッシング

材料（作りやすい分量）
サラダ油…1カップ
ワインビネガー…1／2カップ
塩…小さじ1
粒こしょう（白）…小さじ1／4

作り方
1 ボウルに、サラダ油、ワインビネガー、塩を入れ、粒こしょうをひいて加える。
2 泡立て器でよく混ぜて塩を溶かし、なじませる。

夏におすすめの
さわやかな味
梅ドレッシング

材料（作りやすい分量）
梅肉…小さじ1
りんご酢…大さじ2
だし…大さじ2
サラダ油…大さじ2
塩…少々
こしょう…少々

作り方
すべての材料を混ぜ合わせる。

香り豊かな
ハーブドレッシング
パセリドレッシング

材料（作りやすい分量）
塩…小さじ1／3～2／3
こしょう…少々
サラダ油…大さじ3
白ワインビネガー…大さじ2
パセリのみじん切り…大さじ1

作り方
1 ボウルに塩、こしょうを入れ、サラダ油を加えながら泡立て器でよく混ぜる。
2 酢を加えてトロリとするまでさらに混ぜ、パセリを加えてよく混ぜ合わせる。

乳製品を合わせた
まろやかな味わい
ヨーグルトドレッシング

材料（2人分）
白ワインビネガー…小さじ2
おろしにんにく…少々
プレーンヨーグルト…大さじ3
粉チーズ…大さじ1
オリーブオイル…大さじ1
水…大さじ1
塩…ひとつまみ
こしょう…少々

作り方
すべての材料を混ぜ合わせる。

葉野菜に映える
オレンジ色
にんじんドレッシング

材料（作りやすい分量）
にんじん…5㎝
レモン汁…少々
白ワインビネガー…1／3カップ
サラダ油…2／3カップ
塩・こしょう…各少々

作り方
1 にんじんは皮をむいて粗みじんに切る。
2 すべての材料をフードプロセッサーに入れ、30～40秒攪《かく》拌《はん》する。

冷しゃぶサラダに
おすすめ
みそサラダドレッシング

材料（2人分）
おろしにんにく…少々
おろししょうが…少々
みそ…大さじ1
米酢…大さじ2
みりん…大さじ1
白すりごま…大さじ1
一味唐辛子…少々
ごま油…大さじ1

作り方
すべての材料を混ぜ合わせる。

ピリッと辛い
大人の味わい

マスタードドレッシング

材料（作りやすい分量）
白ワインビネガー…大さじ2
マスタード…大さじ1／2
塩・こしょう…各適量
サラダ油…1／4カップ

作り方
サラダ油以外の材料を混ぜ合わせ、最後に糸をたらすようにサラダ油を加えながら混ぜる。

ごま油が香ばしい
ベーシックな味

中華ドレッシング

材料（作りやすい分量）
米酢…大さじ2
しょうゆ…大さじ2
白いりごま…大さじ1／2
ごま油…1／4カップ
サラダ油…1／4カップ

作り方
酢、しょうゆ、ごまを混ぜ、ごま油とサラダ油を、糸をたらすように加えながら混ぜる。

刺し身をあしらった
魚介のサラダに

カルパッチョドレッシング

材料（作りやすい分量）
バルサミコ酢…大さじ2
オリーブオイル…大さじ4
塩…小さじ1
こしょう…少々

作り方
すべての材料を混ぜ合わせる。

大根おろしが
葉野菜にからみやすい

大根おろしドレッシング

材料（作りやすい分量）
大根おろし…4cm分
米酢…大さじ1
しょうゆ…大さじ2
砂糖…小さじ1
太白ごま油…小さじ1

作り方
すべての材料を混ぜ合わせる。

新玉ねぎの甘みを
活かしたドレッシング

玉ねぎドレッシング

材料（作りやすい分量）
新玉ねぎ…1／2個
米酢…大さじ2
サラダ油…大さじ2
砂糖…大さじ1
塩…大さじ1／2

作り方
新玉ねぎはすりおろして、すべての材料と混ぜ合わせる。

ゆずこしょうがアクセントの
さっぱり味

オリーブオイルで和風ドレッシング

材料（作りやすい分量）
オリーブオイル…大さじ2
米酢…大さじ1と1／2
しょうゆ…大さじ2
砂糖…ひとつまみ
ゆずこしょう…お好みの量

作り方
すべての材料を混ぜ合わせる。

鶏肉、豚肉のローストなど肉料理にぴったり

バルサミコ酢とはちみつのソース

材料（作りやすい分量）

バルサミコ酢…1／2カップ
はちみつ…大さじ1と1／3
バター…10g
塩…適量
黒こしょう…適量

作り方

1 フライパンにバルサミコ酢を入れて熱し、半量になるまで煮詰める。
2 1にはちみつ、バターを加えて塩、こしょうで調味する。

揚げた鮭やセロリなど淡い色の食材に

淡口南蛮酢

材料（4人分）

唐辛子…1本
米酢…大さじ4
砂糖…大さじ2
淡口しょうゆ…大さじ1
だし…大さじ4

作り方

唐辛子は種を抜いてごく薄い小口切りにし、調味料、だしと合わせる。

酢飯のほかしょうゆを加えて酢の物にも

寿司酢

材料（米4カップに対して）

米酢…1／2カップ
砂糖…大さじ5
塩…小さじ1強

作り方

材料を合わせ、手で充分に混ぜる。

うま味たっぷりの合わせ酢。淡泊な魚介類や野菜の和え物に

土佐酢

材料（作りやすい分量）

かつお節…1／3カップ
米酢…大さじ3
砂糖…小さじ1と1／2
しょうゆ…大さじ1と1／2

作り方

小鍋に材料を入れてひと煮立ちさせ、ふきんでこし、冷ましてから使う。

揚げたイワシや小アジを漬けて。ご飯が進む、しっかり味

濃口南蛮酢

材料（2〜3人分）

唐辛子…1本（小口切り）
だし…大さじ4
米酢…大さじ4
しょうゆ…大さじ4
みりん…大さじ1
砂糖…大さじ1

作り方

すべての材料を混ぜ合わせ、ひと煮立ちさせる。

煮立てたピクルス液にカットした野菜を漬け込んで

ピクルス液

材料（作りやすい分量）

白ワインビネガー…1カップ半
水…3／4カップ
タイム…1枝
ローリエ…1枚
塩…大さじ1
クローブ…1本
砂糖…大さじ3

作り方

すべての材料を混ぜ合わせる。

ほんのり甘い合わせ酢。
海藻や野菜の酢の物に

三杯酢

材料（作りやすい分量）
しょうゆ…大さじ1
米酢…大さじ1
みりん…大さじ1

作り方
すべての材料を混ぜ合わせる。

タコ、イカ、貝類など
うま味のある食材の和え物に

二杯酢

材料（作りやすい分量）
しょうゆ…大さじ1
米酢…大さじ1

作り方
すべての材料を混ぜ合わせる。

辛味とにんにくの風味が特徴。
ゆでエビや鶏肉を和えて

エスニック甘酢

材料（作りやすい分量）
ナンプラー…大さじ4
砂糖…大さじ4
水…1／2カップ
米酢…大さじ4
にんにく…3かけ
（みじん切り）
唐辛子…3本
（小口切り）

作り方
小鍋に砂糖と水を合わせて煮溶かし、すべての材料を合わせてよく混ぜる。

エビやきゅうりの和え物に。
やさしい味わい

しょうが酢

材料（作りやすい分量）
しょうが汁…小さじ1／2
穀物酢…大さじ2
砂糖…小さじ2
しょうゆ…小さじ1／2
だし…大さじ1

作り方
すべての材料を混ぜ合わせる。

さっぱりとフルーティー。
きのこや野菜の和え物に

和えりんご酢

材料（2人分）
紅玉りんご…1個
りんご酢…大さじ3
塩…少々

作り方
りんごを洗い、芯を取って皮ごとすりおろし、りんご酢と塩を加える。きゅうりやエビを和えるとおいしい。

いちごやりんご、かんきつ類など
季節の果物で作って

フルーツマリネ

材料（作りやすい分量）
りんご酢…1／2カップ
はちみつ…大さじ2

作り方
お好みのフルーツ（分量外）をひと口大に切り、りんご酢とはちみつを加えて混ぜ合わせる。30分から1時間程度おいて、味をなじませる。

酒から酢へ二度の発酵を経てできあがる

酢を造るには、まず、その前身となる酒を造る必要があります。蒸した米に米麹と水を加えて糖化させ、酵母を加えてアルコール発酵させ酒の状態にします。そこに種酢を加えて表面に食酢菌膜を植え、酢酸《さくさん》発酵させれば酢のできあがり。熟成させて酸味をまろやかにしたのち、ろ過、瞬間殺菌をして仕上げます。これが基本の酢の造り方です。何を原料とした酒を使用するかで、米酢、りんご酢、ワインビネガーなど異なる種類の酢ができあがります。

しかし、酒造りから行っているメーカーはごくわずか。原料の酒をほかの業者から仕入れたり、価格を下げるために「醸造アルコール」と呼ばれるサトウキビやタピオカから造られる蒸留酒を加えて酢酸発酵させたりしているのが一般的です。

ゆっくり造る、効率的に造る

酢の醸造方法には2通りあり、プロペラなどで撹拌《かくはん》して発酵を進める「連続法（通気法）」と、そのままおいて自然に発酵させる「静置発酵法」とがあります。酢酸発酵の期間は、「連続法」なら1週間以内なのに対し、「静置法」なら数か月。醸造期間が長いほど、管理は難しくなります。

安定的な大量生産が必要な多くのメーカーは「連続法」で、効率を重視した醸造法を選択しています。

酢もろみに、酢酸菌膜を植えるところ。じっくり寝かせる発酵法では、膜が表面を覆い、酢酸発酵していく。

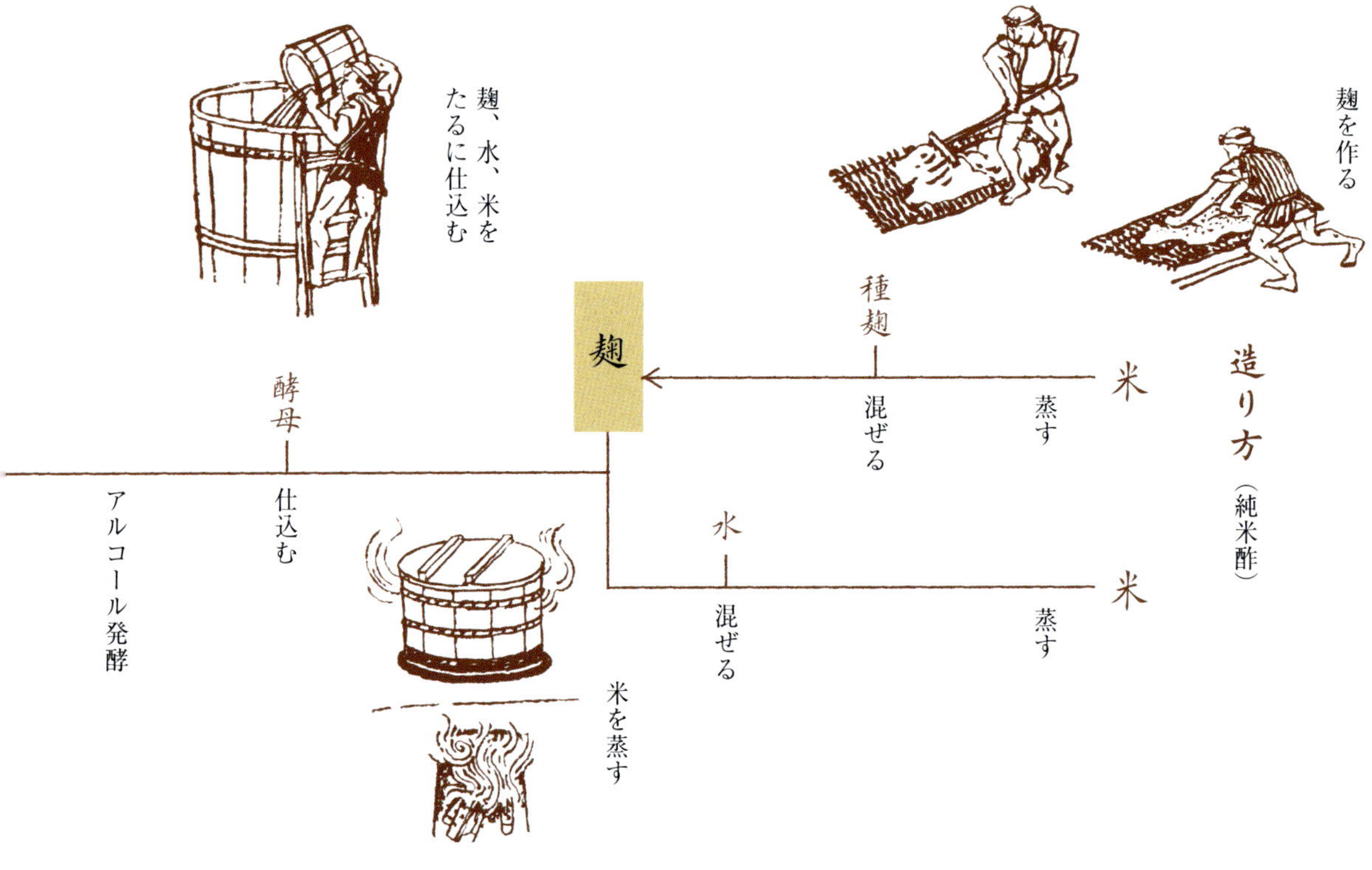

日本ではにぎり寿司から メジャーな存在に

酢は酒と並ぶ、最古の調味料です。紀元前5000年ごろ、メソポタミア南部のバビロニアの古文書に、デーツや干しぶどうを利用して酢を造っていたという記録が残っています。紀元前400年ごろには、「西洋医学の父」と呼ばれるギリシャの医師ヒポクラテスが、病気の治療に酢を用いていたといわれています。

日本に酢が伝わったのは酒造りの技術と前後する4～5世紀ごろで、『万葉集』の和歌には「酢」の文字が登場しています。平安時代の上流社会では、宮中の晩餐《ばんさん》で四種器《よぐさもの》と呼ばれる小皿に酢、塩、醤《ひしお》、酒を入れ、それらに生魚や干し魚をつけて食べるのを好んだといわれています。

それまで卓上調味料として使われてきた酢が、鎌倉～室町時代になると、料理の味つけにも使われるようになります。江戸時代になると、酒粕を利用して酢を造る技術が生まれます。こうして庶民にも手の届く調味料になり、酢は活躍の幅をますます広げました。

この時代に生まれた酢の代表料理が「にぎり寿司」です。寿司の原形は、生魚をご飯に漬け込んで発酵させることで腐敗を防いだ「なれ寿司」ですが、江戸末期に酢をご飯に混ぜるように変化し、今日のにぎり寿司が誕生しました。にぎり寿司は現在、ヘルシー志向の高まりを受けて欧米でも人気を博し、酢はアメリカやイギリスをはじめ諸外国に輸出されています。

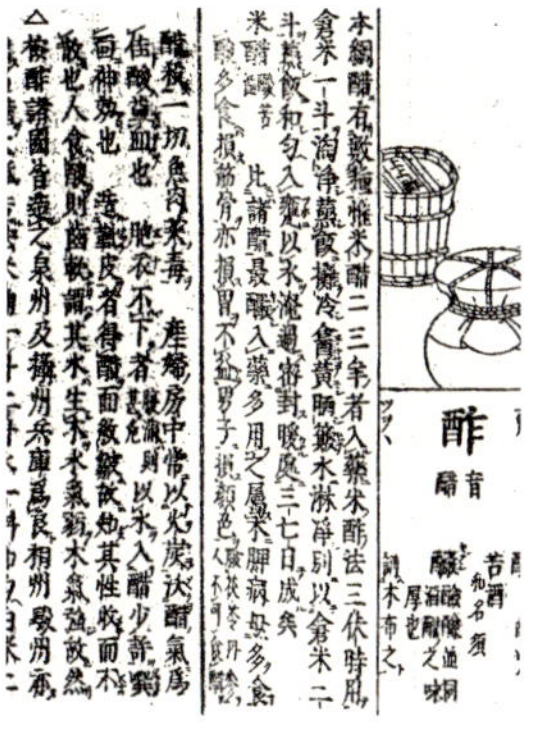

『和漢三才図会』の酢。この時代から、酢の殺菌効果は指摘されていた。

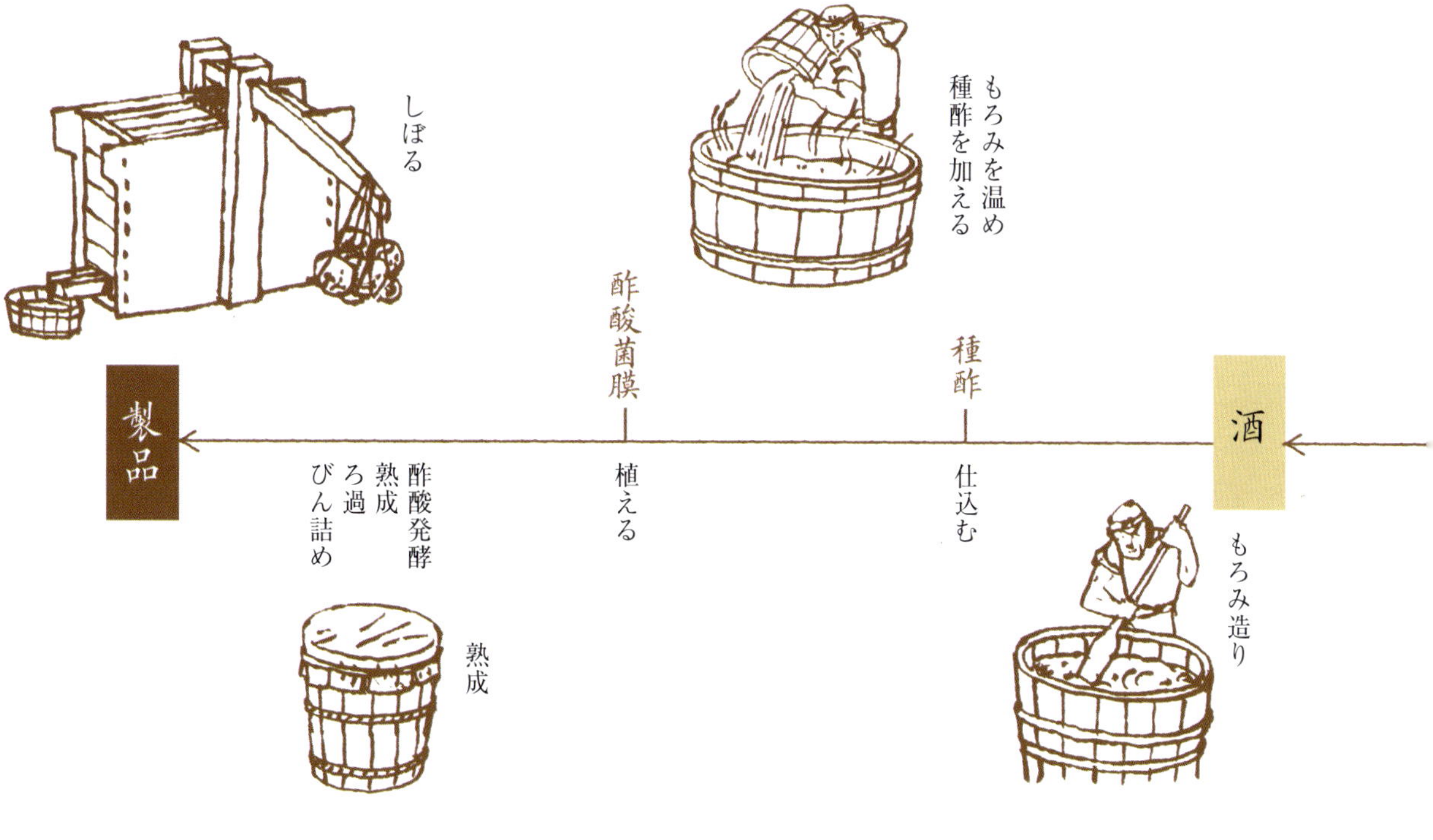

味淋

やさしい甘味が身上！日本料理のマストアイテム

もち米と米麹、アルコールを熟成させて造る伝統的なみりんは、じつはお酒の一種。昔から貴重な甘味を備えたお酒として日本人に愛されてきました。現在では調理用として使うのが当たり前で、あまり飲料というイメージはないかもしれませんが、口に含むとやさしい甘味とコクを感じられます。甘い調味料でも砂糖とはまた違い、ひかえめに、でもきっちりと料理の味わいを深めてくれるみりん。日本料理に欠かせない調味料です。

名称　美淋酎
Mirin

おもな原料（本みりん）
もち米、米麹、焼酎

年間消費量
1人あたり：0.8ℓ

Data（本みりん
大さじ1あたり）

重量：18g
塩分換算量：0g
エネルギー：43kcal
アルコール度数：14.0%

効果

●照りをだす
みりんに含まれる、さまざまな糖類が、照りをだす

●煮崩れ防止
糖分とアルコールには、でんぷんの流出を抑制する効果があり、野菜の煮崩れを防ぐ

●肉や魚のにおい消し
アルコールが飛ぶときに、食材の臭みを消す

保存法
冷暗所で保存する。冷蔵庫に入れると凝固してしまうので注意。

種類

▶本みりん
もち米、米麹、アルコールから造られる。消臭、風味づけなど、さまざまな調理効果に優れる。

▶みりん風調味料
ブドウ糖や水あめに、グルタミン酸、香料を加えたもの。みりんに似せた甘味料なので、アルコール分は1％未満。

▶発酵調味料
もち米、米麹、アルコールを発酵させたあと、加塩し塩分を2％程度にして飲用できなくしたもの。

アルコール分と塩分で3つに分類

みりんには「本みりん」「みりん風調味料」「発酵調味料」があります。本みりんは「酒」の一種です。見た目は似ていますが、みりん風調味料は原料も製法もまったく異なる甘味料なのです。みりん風調味料と発酵調味料は「酒類」の規定からはずれるため、酒税がないぶん本みりんに比べ価格を低く抑えられます。

みりんには糖分とアミノ酸が豊富に含まれ、おもな働きは料理に甘味とうま味をプラスすることです。みりんの甘味は砂糖と違ってひかえめでおだやか。

うなぎの蒲焼やそばつゆなどの甘辛い味は、みりんとしょうゆの組み合わせによって生まれ、以来、日本料理には欠かせない存在となりました。照りやツヤをつけて料理をおいしそうに見せたり、煮崩れを防止したり素材の臭みを飛ばしたりする役割も。

みりんをうまく使いこなせば、料理の腕がグッと上がるはずです。

レシピ

やさしい甘さはスイーツにおすすめ

みりんの甘さを堪能。
しっかり冷やして

トマトの本みりん煮

材料（2人分）
ミニトマト…10個
本みりん…1カップ半

作り方
1 ミニトマトはヘタを取り、十字の切り目を入れて湯むきする。
2 鍋にみりんを煮立て、1を加えて火を止め、そのまま冷ます。粗熱がとれたら冷蔵庫で冷やす。

自家製みりん干し

たれに漬けて干せばOK。
冷凍保存も可能

材料（作りやすい分量）
豆アジ…8尾
たまりしょうゆ（濃口でも可）
…1／2カップ
本みりん…1／2カップ
塩…適量
白いりごま…適量

作り方
1 アジは、頭を落として腹開きにする。骨をはずして軽く塩をし、10分ほどおく。
2 1を水で洗い、水気をふく。バットに並べ、しょうゆ、みりんをアジがひたるくらいに流し入れる。
3 裏表を返しながら2時間ほど漬け込む。引き上げてたれをふき取り、ざるに並べ、ごまをふり、風通しのよい日陰で2時間ほど干す。表面が乾いたら完成。

自家製屠蘇散《とそさん》

身近なスパイスやハーブでも手作りできます。ホールのものがなければ、粉末でOK。

作り方
1 左にあげたスパイス類をそれぞれ0・1〜0・5gずつ混ぜて清潔な布に包む。
2 みりんと酒を好みの甘さにブレンドし、1をひと晩漬け込む。
3 翌日の朝、袋を取り出して完成。
☆ 元日の朝は、家族のうち、年少者から順に頂くのがならわし。

フェンネル

さんしょう

しょうが

八角

クローブ

シナモン

カルダモン

陳皮

本みりんには、もち米が使用される。蒸し上げたもち米に米麹と米焼酎を加えて造る、本式のみりんは、現在では少なくなっている。

製造工程

もち米を糖化させ独特の味わいを生む

伝統的な製法で造られるみりんは酒の仲間ですが、清酒と違って酵母によるアルコール発酵は行いません。蒸したもち米、米麹、焼酎などのアルコールを原材料とし、40日から数年ほどかけて糖化・熟成させます。このあいだに、麹の働きでもち米のでんぷんやたんぱく質が分解され、みりん独特の甘味や味わいが生まれます。

また、このときに加えるアルコールの種類によってふたつに分類されます。ひとつは、純度の高いアルコールを得るために連続式蒸留をした焼酎（甲類）を使った「新式みりん」。もうひとつが、原料の味や香りを残せる単式蒸留をした焼酎（乙類）を使った「旧式みりん」です。

新式みりんは、連続式蒸留焼酎が無味無臭のため、米から生まれたやさしい風味がそのまま残りますが、旧式みりんは単式蒸留焼酎ならではの独特な原料の香りがプラスされます。

造り方（本みりん）

米を蒸す

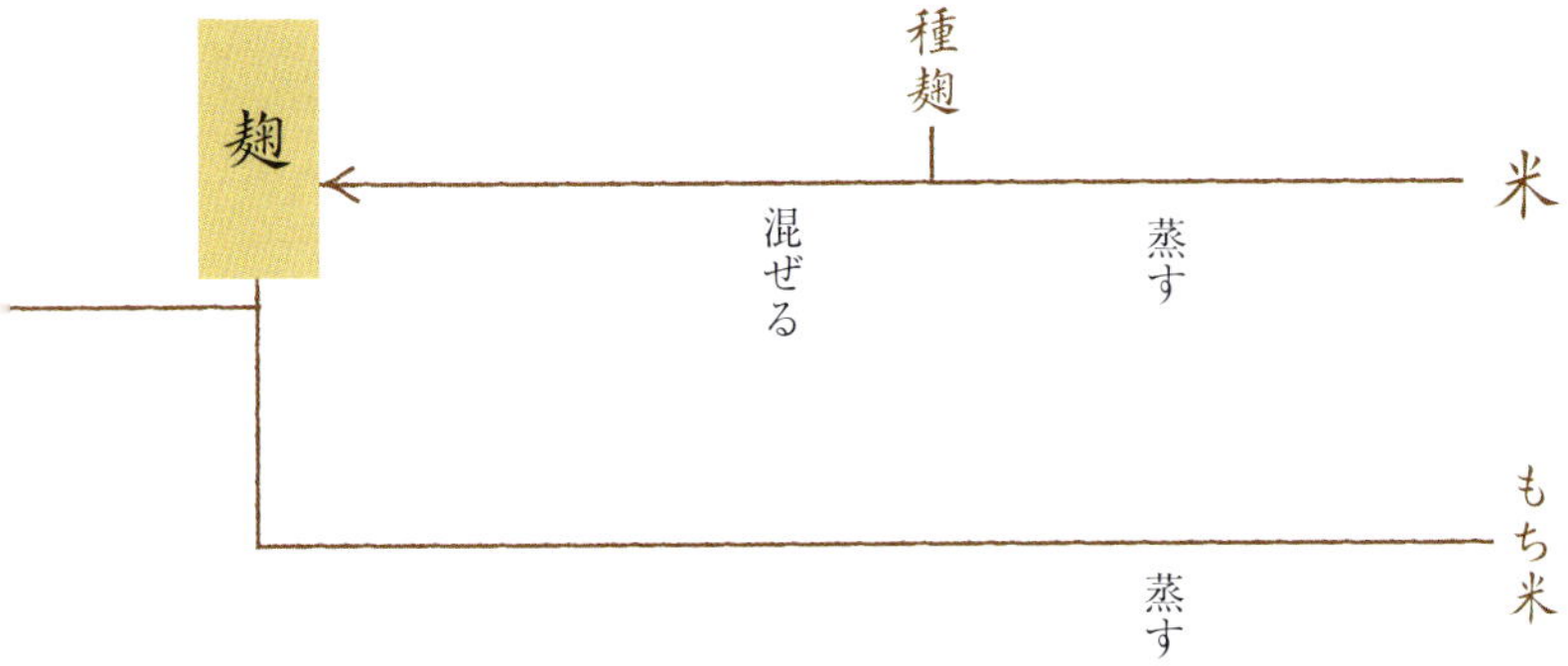

「甘い酒」から江戸料理の流行で「調味料」に

みりんのルーツについては諸説ありますが、次のふたつが有力です。ひとつは戦国時代に中国から渡来した「密淋《ミイリン》」と呼ばれる甘い酒が起源という説。もうひとつは博多「練貫酒《ねりぬきざけ》」という甘い酒が発祥で、腐敗防止のために焼酎を加えたものがみりんになったという説です。

密淋については中国清明の時代の『湖雅巻八造醸《こがかんはちぞうじょう》』に記述があり、異国から日本に伝来したことについては1649年（慶安2年）の『貞徳文集《ていとくぶんしゅう》』に、博多の練貫酒の発祥については1466年（文正元年）の『蔭《いん》涼軒日録《りょうけんにちろく》』に記されています。しかし中国と日本、どちらがルーツなのかは定かではありません。

1593年（文禄2年）には豊臣秀次の書記役、駒井重勝が書いた『駒井日記』に初めて「みりん」についての記述が登場します。戦国時代、みりんは調理用ではなく、甘味のある高級酒として貴族たちに珍重されていました。特徴的な甘みは、女性や酒を飲めない人にも好まれたようです。

現在のように調味料として使われるようになったのは、江戸時代の中期。それまでは、飲用にやわらかな甘味だったみりんは、蒲焼のたれやそばつゆなど、「甘辛味」の江戸料理の流行とともに、味わいも徐々に甘味やうま味が増していきます。

もち米から造る酒、みりんは明治になっても高級品でしたが、戦後に酒税法が改正されて価格が下がると、さまざまな料理に使われるようになりました。

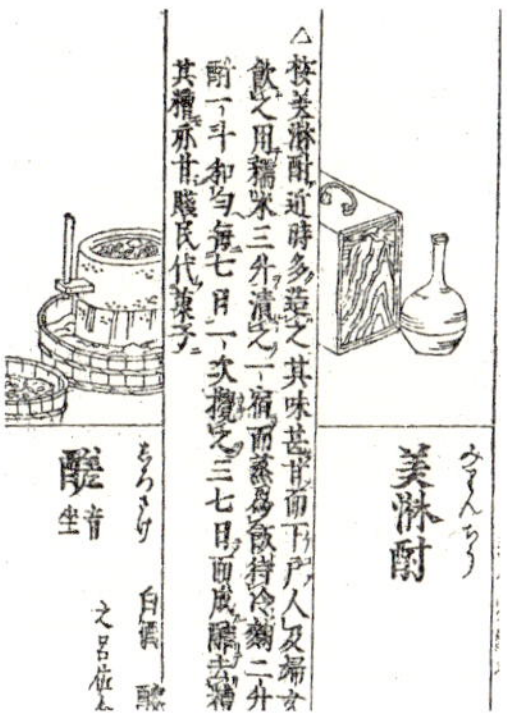

『和漢三才図会』のみりん。このころは飲用に造られていた。

みりんを仕込む焼酎とは？

米や麦、いもを原料にした蒸留酒。本みりんには、米を原料にしたものが利用される場合が多い。原料の風味が豊かな乙類焼酎と、ほのかなアルコールの風味の甲類焼酎がある。

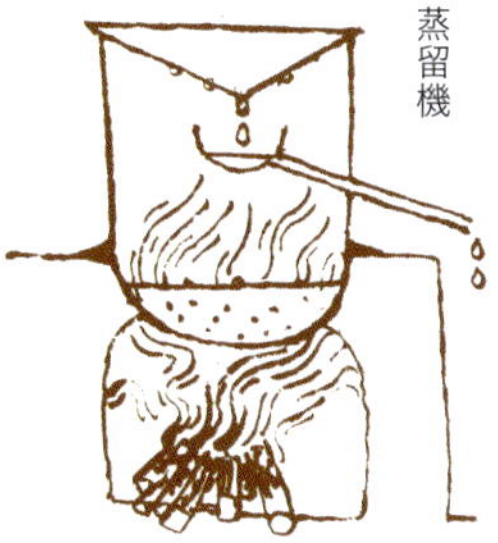

米焼酎 ― 仕込む → もろみ（糖化・熟成、しぼる、ろ過、びん詰め）→ 製品

酒

名称　酒、佐介
Sake

おもな原料（清酒）
米、米麹、酵母

年間消費量
（清酒、飲用含む）
1人あたり：4.9 ℓ

Data
（純米清酒　大さじ1あたり）
重量：15g
塩分換算量：0g
エネルギー：15kcal
アルコール度数：15.4%

効果
●ふっくらさせる
魚介類を加熱するときに加えると、身が硬くなるのを防ぐ
●コクをだす
発酵によって生まれた、たくさんのうま味成分が詰まっている
●肉や魚のにおい消し
アルコールが飛ぶときに、食材の臭みを消す

保存法
アルコール分が含まれるため、常温保存可能。ただし光と高温が苦手なので、冷暗所での保存を。

飲むだけじゃない料理酒としての清酒の魅力

酒は飲料として楽しまれるだけでなく、古くから調味料として利用されてきました。料理に使うことで、風味や香りを引き立てる、照りをだす、保存性を高めるなど数々の利点があります。

ビールやワインなど世界には多種の酒がありますが、ここではまず、和食に使われる「清酒」について記述します。

清酒は日本人の主食である米から造る伝統的なお酒。歴史や製造方法、料理酒との違いなどを紹介します。

料理をおいしく変える「醸造酒」

酒は製造方法によって、醸造酒（清酒、ワイン、ビールなど）、蒸留酒（焼酎、ウイスキーなど）、混成酒（みりん、合成清酒など）に分類されます。一般に料理に向くとされるのは「醸造酒」。特に、料理用に造られたものは、風味、うま味が豊かです。

蒸留酒はアルコール分や香りが強すぎるため、一般的にはあまり使われませんが、沖縄や九州では焼酎や泡盛が肉の臭み消しや風味づけに用いられます。焼酎はみりんの原料にも利用されます。

吟醸がいいともかぎらない？

飲用の酒は、原料の米の外側を削ります。これは米の芯だけで造ると、すっきりと淡麗な味となるからです。しかし料理用の酒に重要なのはアミノ酸などのうま味成分。これは米の外側に多く含まれます。調理に使うなら、外側を残して料理用に造られた酒から良質なものを選ぶのがおすすめです。

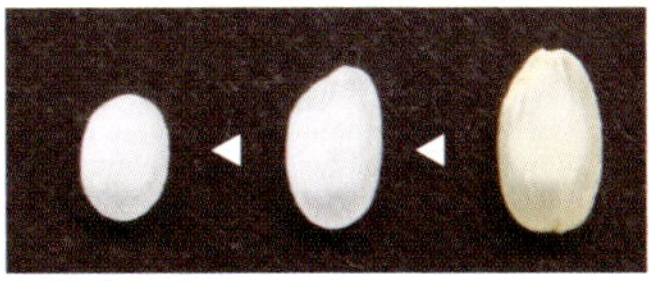

清酒◀

米、米麹、水などを原料とする酒。原料や製造法を変えて、料理に向く味に造った「料理清酒」もある。

▲さまざまな醸造酒

ぶどうが原料のワイン、もち米が原料の紹興酒なども醸造酒の仲間。紹興酒は4種あり、日本で有名なのは「加飯酒」。

料理酒◀

アルコールに塩分などを足して調味したもの。塩分を添加して「飲めない」酒にすることで酒税法の対象外にし、低価格に。

アサリの和風エスカルゴ

アサリと酒のうま味が溶けた極上スープをいただくおつまみ

材料（作りやすい分量）

アサリ…250g
酒…1/2カップ
パセリ（みじん切り）…大さじ1
バター…10g
こしょう…適量

作り方

1 アサリはしっかり砂抜きして洗う。
2 小ぶりの耐熱皿に、アサリ5~6個につき酒大さじ1程度をふる。皿を電子レンジに並べ入れ、全体にふんわりとラップし、3分加熱する。バターを2等分しておく。
3 アサリの口が開いたら取り出し、器に入れてバターをのせ、パセリとこしょうをふる。

硬くなりがちな干物もふっくら

酒を適量ふってから焼くと、風味よく、ふっくら焼きあがる。

イクラが塩辛すぎたら…

イクラやタラコなど、塩がきついときは酒にひたして塩分を抜く。うま味を逃がさず、まろやかな味に。

酒粕がチーズのような味わい。
グラタンやパスタにアレンジ自在

酒粕クリームソース

材料（作りやすい分量）

酒粕…100g
牛乳…2カップ
みそ…大さじ3
塩…少々（みその量で加減する）

作り方

1 鍋に、ほぐした酒粕とそのほかの材料をすべて入れ、弱火にかける。混ぜながら煮詰める。
2 とろみがついたら完成。

アレンジ

☆ エビや野菜にかけて、オーブンで焼くとグラタンに。
☆ すりごまを加えて、和え衣として。

米のでんぷんを糖化させてからアルコールに

清酒は、米のでんぷんを酵母の力でアルコール発酵させて造ります。まず精米し、米の外側を削ります。飲用の酒は外側を3分の1から3分の2ほど削りますが、料理用はメーカーによりさまざまです。

米を蒸したら、麹菌の胞子をつけて繁殖させた「米麹」を混ぜます。そして、蒸し米、米麹、水を酵母を入れたタンクに仕込みます。これは3回に分けて行う「三段仕込み」が一般的。全量をいっぺんに仕込んで、酵母が急激に薄まることによる雑菌の繁殖を防ぐためです。

清酒用の酵母。ひとつの酵母の大きさは、米ひと粒の約1万分の1。米をクジラとすると、酵母はメダカほどの大きさとなる。

米、麹、水、酵母を仕込むと、徐々に発酵が開始。この状態を「もろみ」と呼び、発酵中はブクブク泡立つ状態になります。

まず、働くのが麹です。米のでんぷんは、酵母にはアルコール分解できません。麹が生む酵素の力で、でんぷんを細かく寸断し、糖分に変えます。この糖分を、酵母がアルコールと炭酸ガスに変えていくのです。もろみ1ccのなかには、なんと約1億の酵母が増殖し、アルコール分解を行っています。

清酒の発酵に適切なのは、8〜18℃という涼しい気温。3週間前後で糖分をアルコールに変化させ、発酵が終わります。もろみをしぼると新酒の誕生。このときのアルコール度数は約20％と高めです。酵素の作用を止めるため火入れをし、ひと夏の熟成を経て、秋に出荷されます。

出荷の際には水を加え、飲みやすいアルコール度数（15％）に下げます。

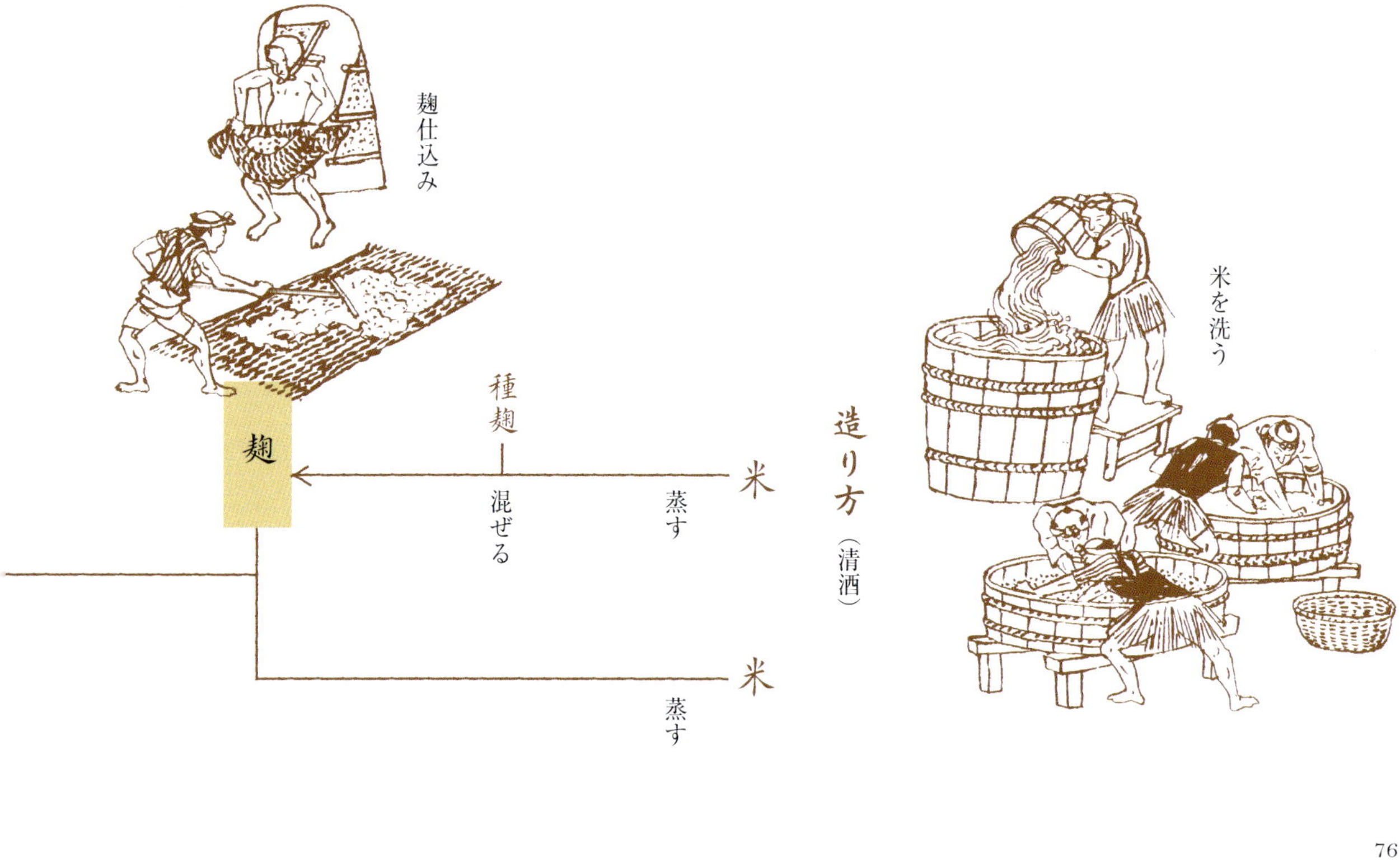

水稲農耕とともに始まった!? お米の酒造り

酒造りが始まった時代について、くわしいことはわかっていません。中国で3世紀に書かれた『魏書東夷伝（魏志倭人伝）』には、「日本人には酒をたしなむ風習がある」と書かれていますが、酒の原料については不明です。では米を使った酒造りはいつから始まったのかというと、水稲農耕が伝わった弥生時代ではないかと推測されています。

麹を使った酒造りは、奈良朝時代に編さんされた『播磨国《はりまのくに》風土記』に書かれているのが最初。この時代に律令制度も確立されて造酒司という役所ができ、酒の醸造体制は徐々に整えられていきます。

平安初期には現代とほぼ同じ製法でさまざまなタイプの酒造りが行われていたようです。室町時代になると庶民のあいだにも酒造りが伝播。安土桃山時代には、精米した米を使う諸白《もろはく》造りが始まり、もろみをこすことで透き通った清酒が造れるようになります。現在の清酒造りの原形は、このころに完成したといってもよいでしょう。生産量も増え、清酒造りが工業化に向かい始めます。

江戸時代には、保温性を高める火入れ（低温殺菌）や、火落ち菌（日本酒を腐造させる菌）による酸敗防止のためのアルコール添加など、新技術が加わります。こうして大量生産が始まり「商人の酒」として商品化され、灘などの酒が江戸に運ばれて庶民に人気を博すようになりました。

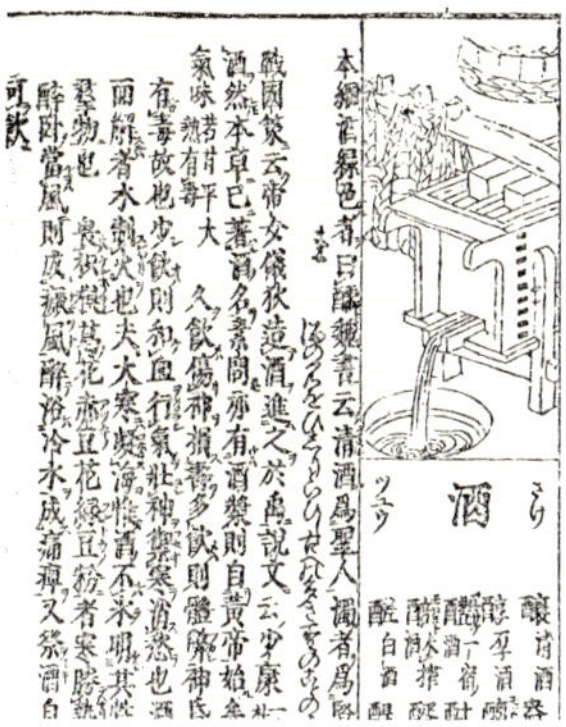
酒

『和漢三才図会』の酒。くわしい醸造方法が記されている。

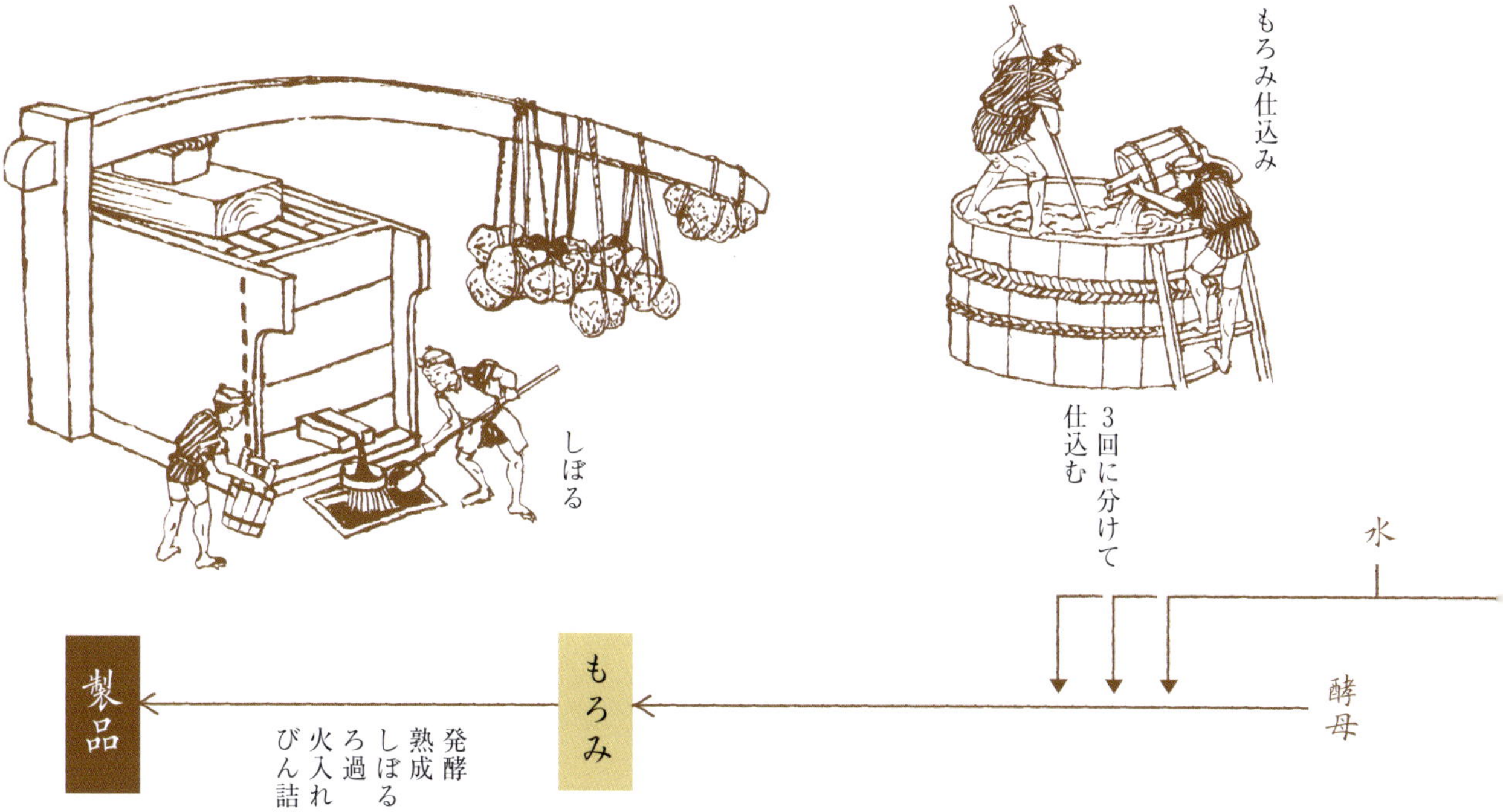

こうじ

麹

日本の調味料の影のボス。塩麹で人気ものに

麹は、日本の食文化の根幹をなすもの。しょうゆ、みそ、清酒、酢、みりんなど、日本を代表する調味料や酒のどれもが「麹」の力なくしてはできません。麹は、蒸した米や麦、豆などにカビの一種である麹菌を繁殖させて作ります。日本では蒸し米に黄麹菌をつけた米麹がよく使われます。

ここ数年で人気に火がついた「塩麹」も、麹から作られる調味料。食材の持つうま味を存分に引き出し、複雑な風味を加えると評判です。

名称 麹
Rice koji

原料 米、麹菌

効果

●肉や魚をやわらかく
たんぱく質を分解。肉や魚をやわらかくする

●たんぱく質をうま味に
麹がたんぱく質を分解すると、うま味成分になる

●でんぷんを甘味に
野菜や穀類のでんぷんを分解し、甘味に変える

保存法
乾燥麹は、基本的には冷蔵。自家製の塩麹は冷蔵保存し、2週間ほどで使いきりたい。

酒造りとともに歩んできた麹の歴史

麹の起源は、酒造りの歴史と深いつながりがあります。酒造りの技術は弥生時代、稲作とともに伝わったと推測され、当初は炊いた米を口に含んで噛《か》み、それを壺に吐きためて発酵させる原始的な「口《くち》嚙《か》みの酒」でした。それが、炊いた米に自然に発生するカビ（麹菌）を使った酒造りに移行。奈良時代に書かれた『播磨国《はりまのくに》風土記』には「神社の神にささげた米飯が濡れてカビが生えたので、これで酒を造った」との記述があります。

麹は大陸からの伝来説が有力ですが、日本酒をはじめ多くの麹に使われる麹菌は、大陸で使われる菌とは別種です。しかも形態も異なるため、国内で発見されたという説も。

麹菌の胞子は古くから「もやし」と呼ばれ、酒造りに使われてきました。麹菌の解明が進んだ明治中期には「種麹」という言葉が生まれ、それまで自然に発生した麹菌や、前回の麹の残りを足して使っていたしょうゆやみそにも種麹が使われるようになります。

このように麹は、麹そのものを調味料として活用するというより、日本古来の調味料を造る際の発酵を促す役割を担っていました。こうした調味料の工業化が進むにつれ、麹は家庭から遠ざかっていったのです。

しかし秋田県や山形県など東北地方の一部では、麹を使った漬け物が伝統食として残っていました。特に塩麹は近年、何にでも使える万能調味料として全国に知られるほどになりました。

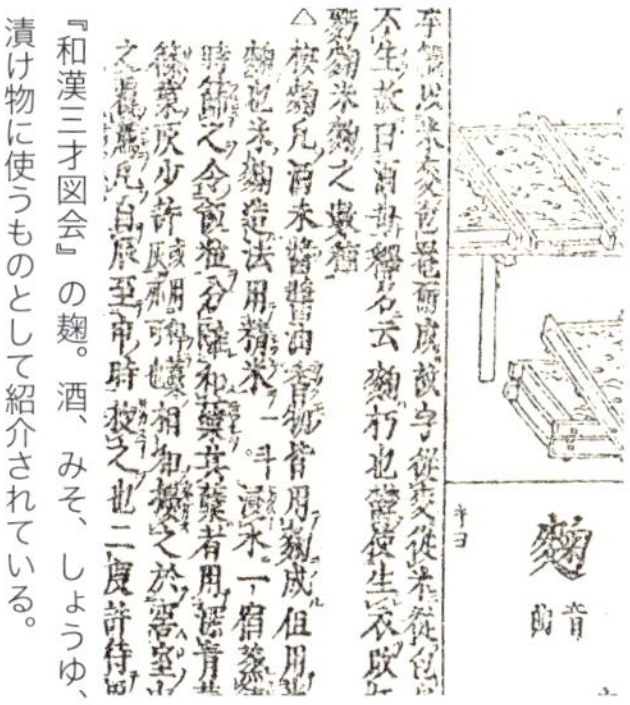

『和漢三才図会』の麹。酒、みそ、しょうゆ、漬け物に使うものとして紹介されている。

種麹の別名

江戸末期から明治にかけて、麹は麹の専門業者「もやし」屋が種麹を管理し、販売していた。「もやし」の由来は、麹菌の菌糸の形がもやしに似ていることから。

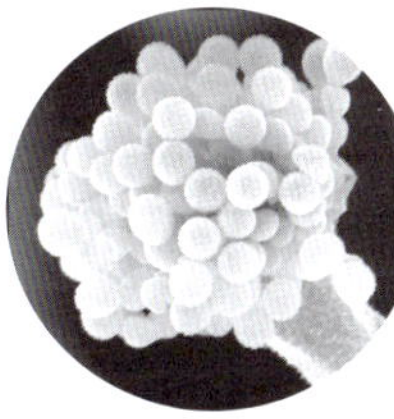

麹菌。丸い粒は、「胞子」と呼ばれる麹菌の種。

分解パワーは下ごしらえで

でんぷんやたんぱく質を分解する麹。これは、麹菌が生む酵素の働きによるもの。酵素はたんぱく質なので、加熱すると変質して働かなくなる。肉や野菜をやわらかくしたいなら、加熱前の下ごしらえで。

体内で働かせたいなら加熱しない

麹菌はたくさんの酵素を生み出す、酵素の宝庫。塩麹の酵素は活きたまま体内に取り込まれると、ほかの酵素の働きを助けてくれる。酵素の働きに期待したいなら、加熱は禁物。

野菜の甘みを
グッと引き出して

塩麹のラタトゥイユ

材料（4人分）

トマト…2個
かぼちゃ…1／4個
ズッキーニ…2本
玉ねぎ…2個
にんにく…2かけ
塩麹…大さじ2と1／2
こしょう…適量
オリーブオイル…大さじ2

作り方

1 トマトとかぼちゃはひと口大、玉ねぎはくし形切り、ズッキーニは1・5㎝の厚さの輪切りにする。にんにくは皮をむいてつぶす。

2 厚手の鍋にオリーブオイルとにんにくを入れて弱火にかけ、香りが立ったら玉ねぎ、かぼちゃ、ズッキーニ、トマトの順に加えて炒める。

3 全体に油がまわったら、塩麹を加えてひと混ぜし、ふたをして蒸し煮にする。かぼちゃがやわらかくなったら火を止め、こしょうをふる。

もはやおなじみ、自家製発酵調味料

塩麹

材料（作りやすい分量）
麹（ドライ）…200g
塩…60g
熱湯…1カップ

作り方

1 熱湯に塩を加えて溶かし、60℃まで冷ます。

2 麹をほぐしながら1に加えて混ぜ、タオルなどでくるんで保温し、2〜3時間おく。麹がやわらかくなったらタオルを取り、常温におく。

3 毎日1回かき混ぜ、1週間ほどでできあがり。冷蔵庫に移して保存する。

塩麹の酵素パワーをお腹に配達！

塩麹ヨーグルト

材料と作り方
無糖あるいは低糖のヨーグルトに塩麹を加えるだけ。さっぱりして、毎日食べても飽きない味。パセリや好みのハーブをみじん切りにしたものを加え、野菜のディップにしても。

漬けたにんにくをきざんでソースやドレッシングにも

にんにくしょうゆ麹

材料（作りやすい分量）
にんにく…1株（60g程度）
麹（ドライ）…200g
熱湯…250cc
淡口しょうゆ…2カップ

作り方
1 麹を戻す。熱湯を60℃まで冷ましてほぐした麹を加え混ぜ、タオルなどで包んで保温し、2〜3時間おく。
2 保存びんに、麹としょうゆを合わせて、1か月ほど冷暗所に置く。
3 にんにくの皮をむいて2に入れ、2か月ほど漬けたら食べごろ。

調味料別しみぬき 一

水溶性の場合

しょうゆ
ソース
酒類

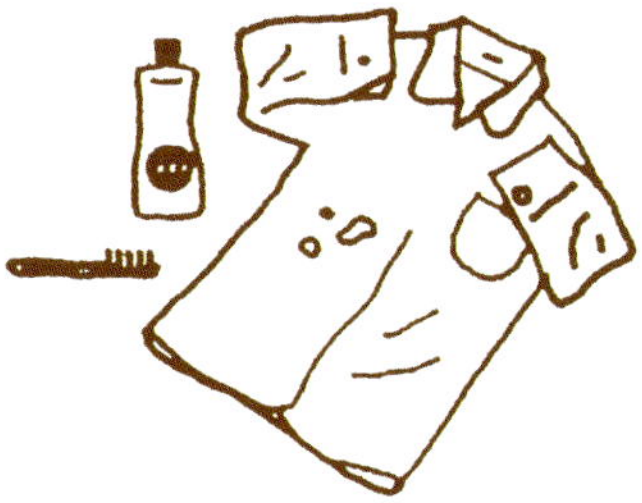

応急処置

1 固形物があれば、つまむように取る。シミが広がるので、こすらない。

2 生地の裏に布を当て、シミの上から水を含ませたハンカチなどでシミをつまむ。ハンカチに洗剤をつけても。

3 洗剤をつけた場合、水をつけた布でしっかりと薄めて洗剤を落としておく。

家に帰ったら

台所用洗剤
歯ブラシ
酸素系漂白剤
重曹
クエン酸
ドライヤー

1 シミがついた部分を水につけ、もみ洗いする。

2 歯ブラシに台所用洗剤をつけ、たたくようにシミになじませてすすぐ。シミが落ちたら、洗濯する。

3 2まででシミが落ちない場合、漂白する。小皿に酸素系漂白剤と重曹を2：1で合わせ、歯ブラシでシミにポンポンとなじませる。

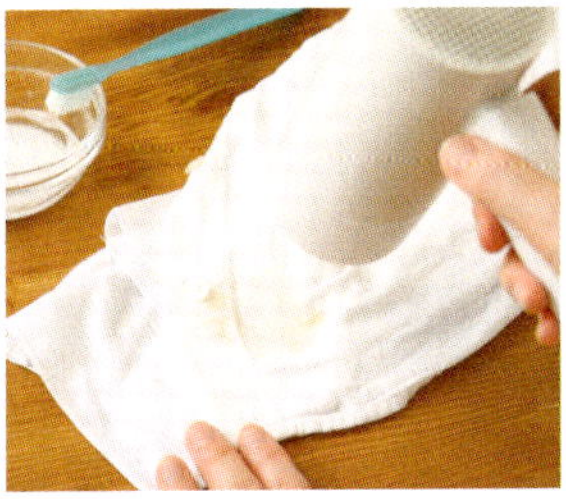

4 漂白剤をつけた部分にドライヤーをあて、1分ほど温める。

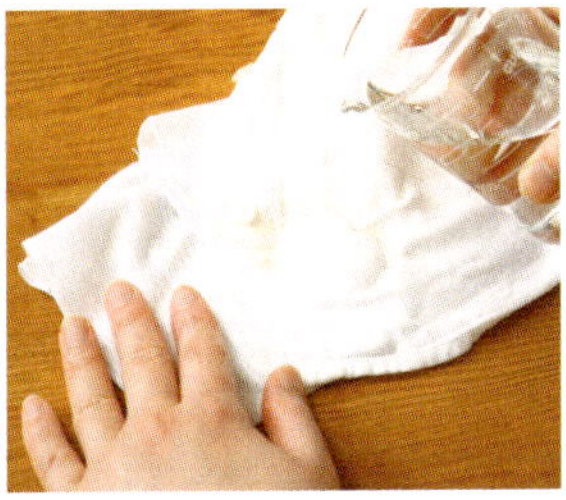

5 クエン酸を水に溶かし、シミにかける。白い泡が出たら水ですすぎ、洗濯する。

塩

海・岩・湖

砂糖

分蜜・含蜜

しお

塩

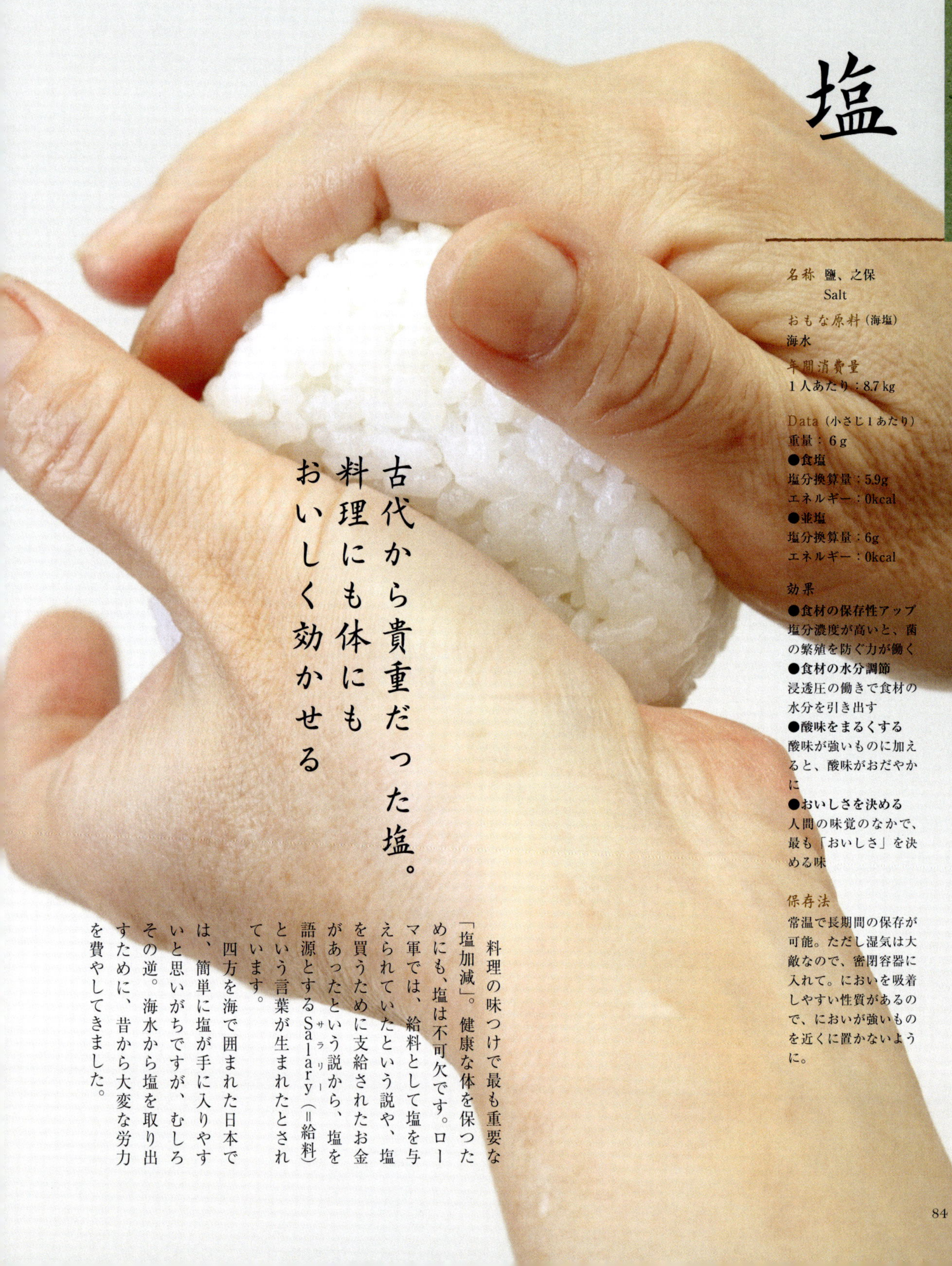

古代から貴重だった塩。料理にも体にもおいしく効かせる

料理の味つけで最も重要な「塩加減」。健康な体を保つためにも、塩は不可欠です。ローマ軍では、給料として塩を与えられていたという説や、塩を買うために支給されたお金があったという説から、塩を語源とするSalary《サラリー》(=給料)という言葉が生まれたとされています。

四方を海で囲まれた日本では、簡単に塩が手に入りやすいと思いがちですが、むしろその逆。海水から塩を取り出すために、昔から大変な労力を費やしてきました。

名称　鹽、之保
Salt

おもな原料（海塩）
海水

年間消費量
1人あたり：8.7 kg

Data（小さじ1あたり）
重量：6 g

●食塩
塩分換算量：5.9g
エネルギー：0kcal

●並塩
塩分換算量：6g
エネルギー：0kcal

効果

●食材の保存性アップ
塩分濃度が高いと、菌の繁殖を防ぐ力が働く

●食材の水分調節
浸透圧の働きで食材の水分を引き出す

●酸味をまるくする
酸味が強いものに加えると、酸味がおだやかに

●おいしさを決める
人間の味覚のなかで、最も「おいしさ」を決める味

保存法
常温で長期間の保存が可能。ただし湿気は大敵なので、密閉容器に入れて。においを吸着しやすい性質があるので、においが強いものを近くに置かないように。

表示が塩のキャラクターを知る手掛かり

現在、購入できる塩はおよそ1000種類。原料、製法、加工の違いによって個性が異なり、粒の大きさや純度によっても味に違いがあります。じつは海水から作る製塩法は少数派で、世界全体の3分の1くらい。大多数は岩塩や湖塩から作られています。また、同じ海塩でも、日本と風土が違う海外では製法も異なります。

塩のパッケージの表示の多くは、「食用塩の表示に関する公正競争規約」に基づいています。「海水」「海塩」「岩塩」といった塩の原材料名や、「天日」「イオン膜」「溶解」といった製造工程などの情報は、購入の際の目安になります。

表示に使われる用語には、多くの情報が凝縮されているのです。

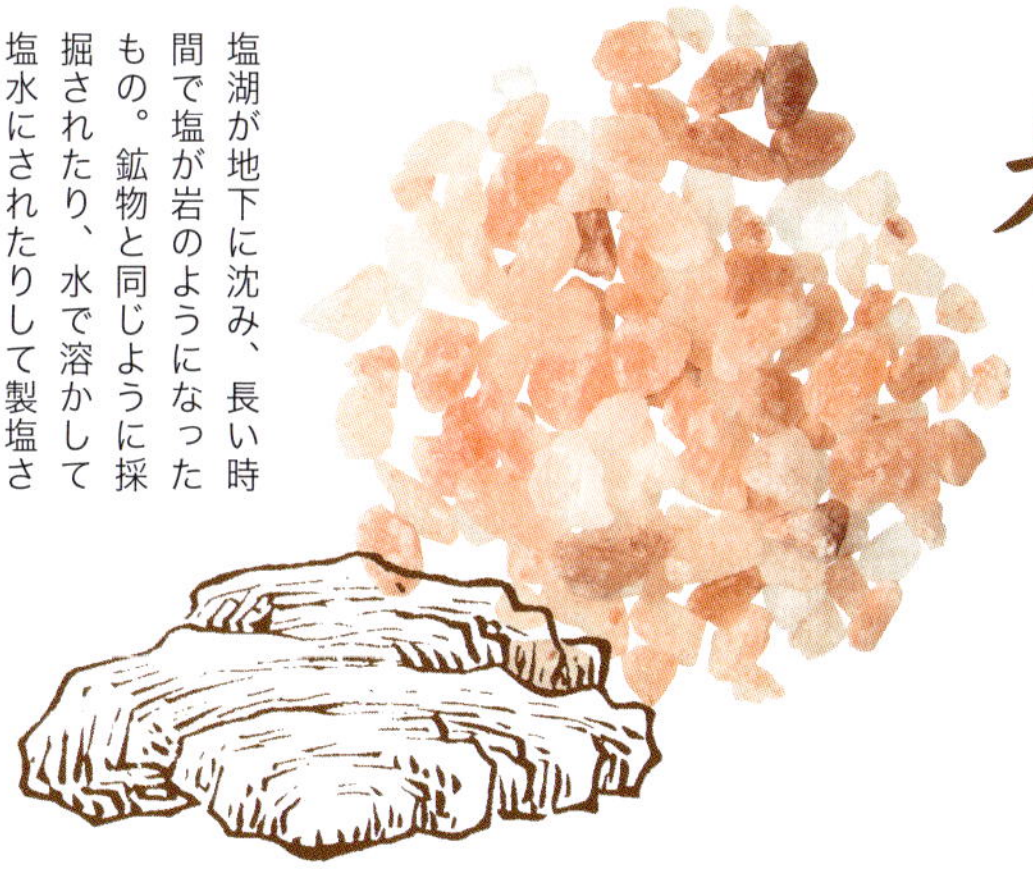

岩塩

塩湖が地下に沈み、長い時間で塩が岩のようになったもの。鉱物と同じように採掘されたり、水で溶かして塩水にされたりして製塩される。

海塩

太陽熱と風力によって、海水の水分を蒸発させたり、イオン膜で濃縮して煮詰めたりして製造された塩。日本で作られる塩のほとんどがこのタイプ。

湖塩

死海やカスピ海で知られる、塩分濃度の高い湖、塩湖から作られた塩。塩湖は濃い塩水を作る塩田のような働きをする。

海

食卓塩▼

メキシコ産などの天日塩を溶かして作った塩に、固まらないように炭酸マグネシウムを加えたもの。卓上調味料の定番。

種類：海塩

海

美《ちゅ》ら海の塩▼

海外の天日海塩を沖縄の海水で溶かしてから、再度煮詰めて作った塩。サラサラさせるために、最後に焼成の加工が施されている。

種類：海塩

海

バリ島天日塩▼

赤道直下、バリ島の温室で乾燥させた塩。塩の自重で中心が沈むため、自然にこの形に。砕いて肉に合わせても。

種類：海塩

海

食塩▲

日本の海水を使用した、ポピュラーな塩。純度が高く、サラサラして使いやすい。安定した価格も特徴。

種類：海塩

海

ムーンソルト▲

日本ではめずらしい、天日乾燥の塩。小笠原諸島・父島の澄んだ海水の成分をそのまま固めた、やさしい味。

種類：海塩

海

青い海▲

沖縄の海水を平釜でじっくり煮詰めて作った塩。中粒でしっとりしており、使いやすい。

種類：海塩

湖

アッサルの塩▼

世界最高の塩分濃度を誇る、アフリカ北東部アッサル湖の塩。乾いた風に吹かれてコロコロと回転しながら結晶した塩は、コクがある。

種類：湖塩

湖

死海の湖塩▼

世界一海抜の低い塩湖、死海の湖水で作られた塩。写真は純度の高いタイプで、焼き物などにふると美しい。

種類：湖塩

他

マレーリバーソルト▼

地下に潜った海水を天日乾燥させたまろやかな塩。独特のバラ色は、地下かん水に含まれる鉄分。サラダに添えると華やかに。

種類：地下の塩湖の塩

岩

ヒマラヤ岩塩▲

ヒマラヤ山脈の地下の岩塩を採掘し、洗浄・粉砕した塩。3億8千万年前の海水が地殻変動で大岩塩層になっている。

種類：岩塩

岩

アンデス岩塩▲

アンデス山脈で採掘された岩塩を粉砕したもの。鉄分を含んだ淡いピンク色が特徴。肉料理などに。

種類：岩塩

海

パスタ用タブレット塩▲

パスタをゆでる湯の塩加減、1％に合わせて作られた塩。1ℓにつきタブレットをひとつ加えると、ちょうどの塩加減になる。

種類：海塩

クセがなく粒の細かい塩は万能

食卓塩や食塩に代表されるタイプ。まんべんなくふれて、漬け物に下味にと大活躍。抹茶塩なども作りやすい。

つけ塩ならパウダー状の塩

海水を瞬時に結晶化させた塩は、非常にきめ細かく、まろやかで、つけ塩として使いやすい。野菜スティックや天ぷらに。

肉の下ごしらえにサラサラした岩塩

岩塩でも、サラサラしたタイプは手軽に使える。すっきりした味の岩塩は、肉の味を引き立てるともいわれる。

和食にはしっとりした海塩

スーパーなどでおなじみのタイプ。食材になじみがよく、使いやすい。おむすびや焼き魚と好相性。

華を添える色つきの岩塩

粒の大きい岩塩は、砕いて使う。色のあるものは、アイスクリームやケーキのトッピングにすると華やか。

塩の味を楽しむ結晶が大きい塩

結晶が大きいと口の中でゆっくり溶け、まろやかな味に感じやすい。冷や奴やクラッカーのトッピングにも。

藻塩とは

海藻類に海水をかけ、乾かして焼き、塩分を含ませたものを水に溶かして濃い塩水を作る。古代からある製塩方法を活かした製品。

焼き塩とは

加工塩のひとつ。塩を焼くことで、にがり成分の一部を変化させサラサラの塩にする。クセがなく、使いやすい。

上は岩塩の採掘場。下右は、天日海塩の塩田。
下左は、塩湖の塩田の様子。

グラスに輝きが戻る

レモンの断面に塩をしグラスをこすり、水洗い。そのまま乾燥させるとピカピカに。

卵をときほぐしやすく

フライの衣など、均一に卵をほぐしたいときは塩をひとつまみ。

ぬいぐるみの汚れをとる

手アカで汚れたぬいぐるみは、塩とともにポリ袋に入れて5分ほどふる。すると静電気が起こり、塩に汚れが移る。掃除機できれいに塩を吸い取って。

「塩梅」して酢の物上手

酢の物が酸っぱすぎるとき、砂糖ではなく塩を加えて。酸味が抑えられ、バランスのとれた味に。

生卵を落としたら…

生卵を床に落としたら、ざっと拭いたあとに塩を多めにふりかけ、汚れと混ぜながら拭き取って。ぬるつきが一掃される。

鍋ややかんもピカピカ!

塩をスポンジにつけて鍋ややかんをこするときれいに。アルミ鍋を焦がしたときは塩を敷き、数時間おいてからこすって。

まな板の臭みは塩で除去

臭みが気になるまな板は、塩をかけ、たわしでこすってから水洗いを。洗剤と違って手が荒れないのもポイント。

ゆで湯の塩加減は？

パスタのゆで湯に加える塩の基本は、1ℓにつき10g。ゆで時間の長いパスタや濃厚なクリームソースのものは、7g程度とひかえめに。

ひき肉には最初に塩を

肉団子を作るときは、ほかの材料より先に1・5％の塩を加えてこねる。こうすると肉のうま味が閉じ込められる。

湯豆腐には塩を加えて

湯豆腐に塩を加えると、塩が凝固剤の働きを抑えて豆腐がやわらかいまま楽しめる。

炒め油＋塩で緑が鮮やかに

青菜を炒めるときは、フライパンなどに熱した油に塩少々を加えてから。青菜が色鮮やかに仕上がる。

塩とハーブティーで手作りバスソルト

台所にある材料で、やさしい香りのバスソルトができる。好みのハーブティーを水からしっかり煮出し、冷ましておく。岩塩を電子レンジで20秒ほど加熱し、サラサラにする。ハーブティーを加え、さらに電子レンジで20秒加熱し、かき混ぜることを繰り返す。サラサラになったらできあがり。

1 エビ塩
2 青じそ塩
3 しょうが紅茶塩
4 レッドクミン塩
5 みかん塩
6 ナッツガーリック塩

1

麺類や
卵焼きに

エビ塩

材料と作り方

しっとりした塩…大さじ2
桜エビ（乾燥）…大さじ2

フライパンを火にかけ、塩、エビをそれぞれ乾《から》煎《い》りする。すり鉢に入れ、すり混ぜる。

2

冷や奴に、ご飯に
揚げ物にも

青じそ塩

材料と作り方

しっとりした塩…大さじ2
青じそ…5枚

青じそをキッチンペーパーにのせ、電子レンジで2分ほど加熱し、乾燥させる。フライパンを火にかけ、塩を乾煎りする。青じそと塩をすり鉢に入れ、すり混ぜる。

3

蒸し鶏や
フルーツにかけて

しょうが紅茶塩

材料と作り方

しっとりした塩…大さじ2
紅茶葉…大さじ1
しょうが（パウダー）…大さじ1／2

フライパンを火にかけ、塩、茶葉をそれぞれ乾煎りする。すり鉢に入れ、しょうがを加えてすり混ぜる。

4

鶏肉のローストや
エスニックスープに

レッドクミン塩

材料と作り方

しっとりした塩…大さじ2
クミンシード…大さじ1
一味唐辛子…適量

フライパンを火にかけ、塩を乾煎りする。すり鉢に塩を入れて粉末状にし、クミンシードを加えてすり、唐辛子を混ぜ合わせる。

5

お吸い物や
天ぷらに

みかん塩

材料と作り方

しっとりした塩…大さじ2
陳皮…大さじ1

フライパンを火にかけ、塩を乾煎りする。すり鉢に塩を入れて粉末状にし、陳皮を加えてすり混ぜる。

6

パスタやサラダを
リッチな味わいに

ナッツガーリック塩

材料と作り方

しっとりした塩…大さじ1
松の実…大さじ1（先端を取る）
にんにく…1かけ（みじん切りにする）

すり鉢ににんにくを入れてつぶし、松の実を加えてつぶしながら混ぜる。塩を加えて、さらに混ぜる。

塩の選び方

塩の味は、結晶の粒の大きさや形、成分によって異なります。粒の形や大きさは、口に含んだときの「しょっぱさ」に関わります。粒の小さなものは溶けるスピードが速いので塩辛く、ゆっくり溶ける大きなものは、まろやかに感じます。容器が不透明で粒の大きさが見えないときは、どんな製法で作られているか、表示を見てみましょう。

結晶を作る（海水などの水分を蒸発させて、結晶を取り出す）工程は、平釜や立釜で煮詰める、天日で乾燥させる、スプレー噴射で乾燥させるなどの方法があります。平釜や天日はゆっくり結晶し、立釜やスプレーはすばやく結晶します。ゆっくり結晶したものは、ふんわりしたものが多く、すばやく結晶したものは、サラサラして、きめ細かい傾向があります。

塩の味は、塩の純度（主成分である塩化ナトリウムの割合）や、主成分以外の物質の量によっても変わります。市販の塩には、たとえば「にがり」を添加したものがありますが、パッケージの栄養成分表示などで、どのような物質が含まれているかもわかります。

おいしいものを選ぶ、というより、結晶や味わいの特性を知り、料理によって使い分けましょう。

ごま塩には「軽い」塩を

分離するのは、ごまと塩の比重が異なるため。塩をごまやスパイスなどと混ぜるなら、「かさ」に対して軽い、フレーク塩や微粒塩がおすすめ。

立方体塩

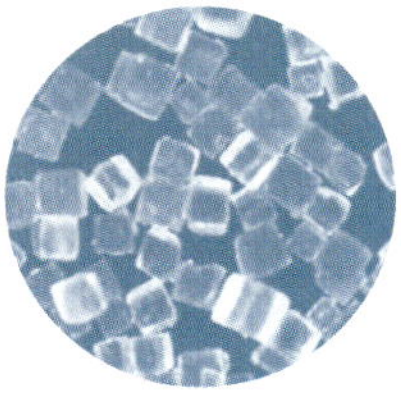

塩水のなかで均等に成長した一般的な結晶。規則正しい結晶なので、計量スプーンの「量」に対してグラム数が大きい。

トレミー塩

なかが空洞の、ピラミッド型の塩。水面でゆっくりと、塩の重さで少しずつ沈みながら結晶になるので、逆ピラミッド型になる。

フレーク塩

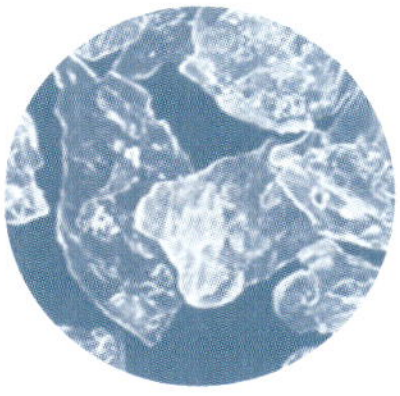

水面で結晶した板状の塩。溶けやすく、食材に付着しやすい。かさがあるので、見た目の量で加えると、塩味が効きにくい。

凝集塩

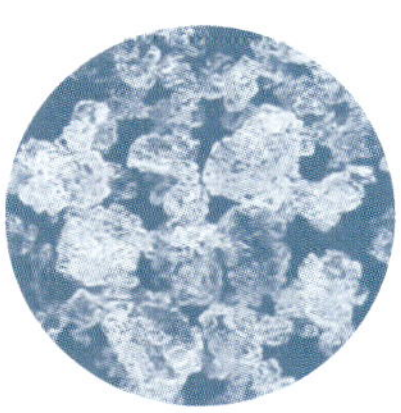

小さい立方体がくっつき合ったもの。溶けやすさ、「量」に対しての重さは中間的といえる。平釜塩や天日塩に多い。

微粒塩

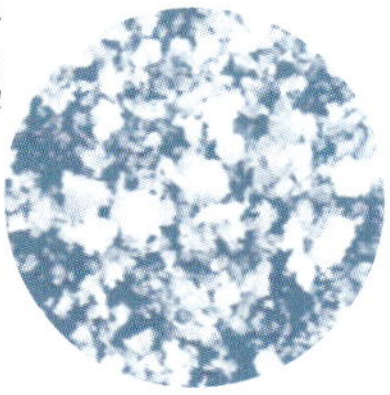

パウダー状の塩。水分を瞬間的に蒸発させるので、塩水の成分がそのまま残りやすい。非常に溶けやすく、食材に付着しやすい。

コラム

塩の先生に聞く ふたつの塩のお話

濃い青の岩塩。塩の結晶格子に、金、銀、銅などの金属が混入されると発生する色。

白黒斑の岩塩。黒は粘土の混入、白は気泡や液泡が入ってできる色。

桃色の岩塩。塩化カリウム部分に、細かい赤鉄鉱結晶が分散したりマンガンが混入したりした色。

緑色の岩塩。緑塩銅鉱の混合、緑泥石の粘土混入などによってできた色。

白青斑の岩塩。青い岩塩は比較的めずらしい。

岩塩という宝石の世界がある

日本では、まだなじみの薄い岩塩ですが、世界の塩生産量の約3分の2が岩塩から作られています。岩塩というと、ピンク色の物を想像するかもしれません。でも塩の純粋な結晶は透明。さまざまな色は、なかにどんな鉱物が含まれるかで変化します。宝石のように透明度の高い青の岩塩もありますが、残念ながら食用にはならず、あくまで観賞用のものです。

岩塩の芸術は、鉱物のような輝き以外にも見られます。ポーランドのヴィエリチカ岩塩坑では、採掘場内にさまざまな神話や歴史の岩塩彫刻が並び、塩のシャンデリアが下がった地下大聖堂が岩塩によって造られています。地味な調味料の塩ですが、意外な一面を知ると、もっと楽しく食べられるかもしれません。

「高血圧に減塩」は常識？

高血圧には、塩分の影響を受けやすい人とそうでない人がいるのはご存じでしょうか。塩分の摂りすぎで血圧が高くなる体質「食塩感受性高血圧」は、日本人の高血圧患者の半数以下と推定されています。それ以外の、食塩摂取量にあまり影響を受けない「食塩非感受性」タイプの人は、減塩しても血圧の低下につながりにくく、極端な「減塩食」にする必要はないことがわかってきています。

この「食塩感受性」については、定義も判別法もまだ確立されていません。研究が進めば、現在の「高血圧の人は全員、減塩指導」との常識は、変化していくでしょう。海外では「塩の摂りすぎは健康の敵」が、誤解ではないかと考えられはじめているのです。

現時点では、とりあえず高血圧の人は「減塩」とつき合ったほうが良いでしょう。しかし腎臓が正常であれば、塩を過剰摂取すると自然にのどが渇き水を飲んで排泄します。適量の定義は明確ではなく、その時々の運動量や体調により変化するもの。健康な人であれば、自分の体の声を聞き、塩辛く感じれば過剰、おいしく感じれば適塩、と考えてもいいのではないでしょうか。

橋本壽夫さん
元東海大学海洋学部非常勤講師。自身のHP「橋本壽夫の塩の世界」で塩の情報を発信中。

多彩な結晶を作るさまざまな製法

塩にはいろいろなタイプがあり、その個性の違いは原材料と製法によって生まれます。ここでは、おもに日本国内で商品化されている塩の製造法についてご紹介します。

海水を原材料とするものは、大まかに「濃縮」→「結晶」→「加工」という3つのプロセスを経ます。天日塩や岩塩を使ったものは、「溶解」→「結晶」→「加工」、あるいは「粉砕」→「加工」というプロセスをベースに作られます。

「濃縮」の方法は、製造国の天候や地形などに合わせて、効率のよいものが選ばれるのが一般的。天日だけでは結晶化しにくい日本では、おもに「イオン膜法」が採用されています。

「結晶」の方法は塩の味わいに大きく影響するため、製品によってそれぞれです。ゆっくり結晶するか、すばやく結晶するかで粒の形は異なります。

海水 ―①濃縮― 濃い塩水 ―②結晶―③加工― 製品

一 濃縮方法

天日、イオン膜、逆浸透膜、平釜、溶解など

二 結晶方法

天日、平釜、立釜、噴霧乾燥、加熱ドラムなど

三 加工方法

乾燥、焼成、粉砕、洗浄、混合、造粒など

一 濃縮

イオン膜法

塩は、プラスのナトリウムイオンとマイナスの塩化物イオンに分かれて海水に溶けている。この特性を利用したのが、イオン膜法。水槽内に、プラスのイオンだけを通す陽イオン膜と、マイナスのイオンだけを通す陰イオン膜の壁をもつ部屋を作る。そこに海水を入れ電気を流すことで濃縮する。

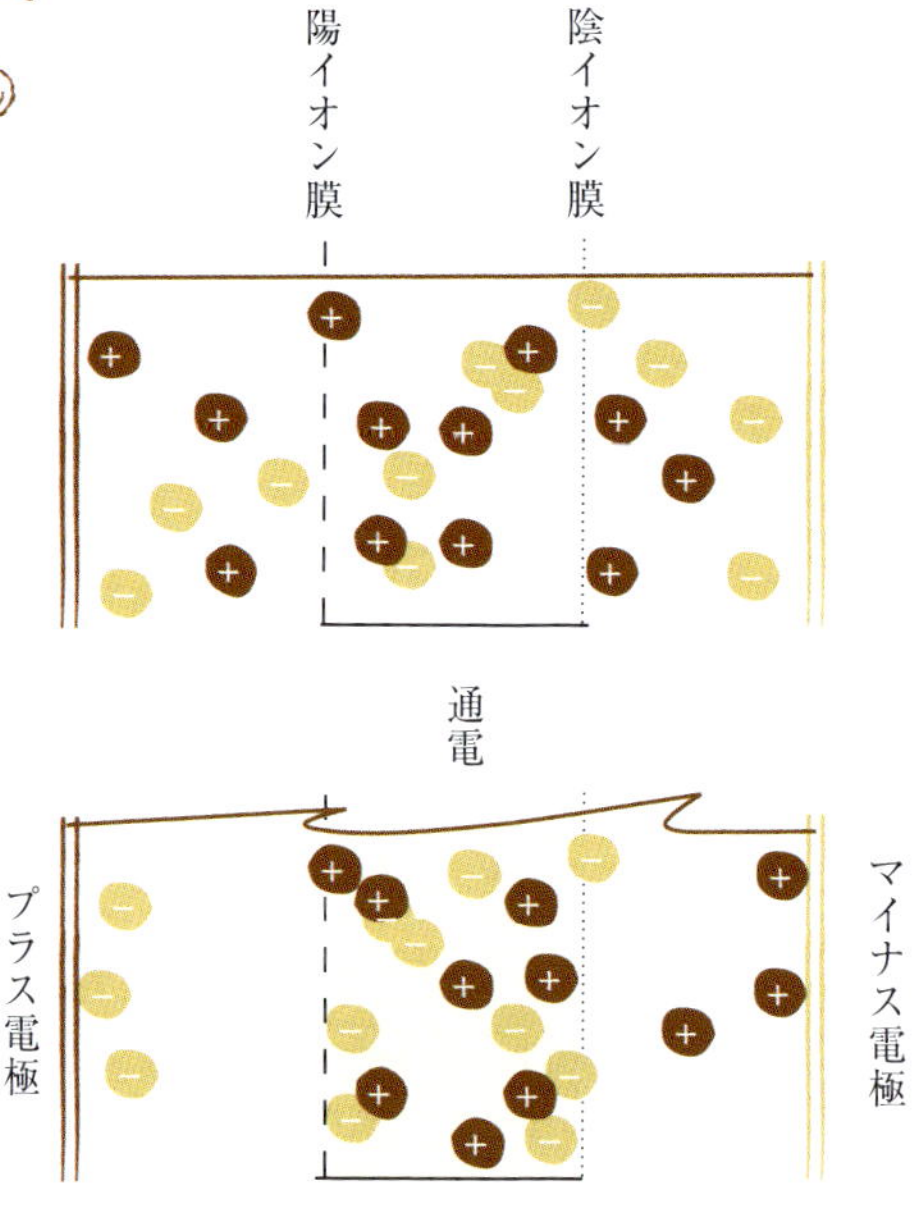

揚浜式、入浜式、流下式

海水を濃縮するために、おもに日本で用いられていた様式。塩田に入れたり枝条架《しじょうか》と呼ばれるやぐらの細かい枝を伝わせたりして、太陽や風の力を借りて濃い塩水を作る。

溶解

塩田にできた天日塩を溶かしたり、埋もれた岩塩を溶かしたりして濃い塩水を作る方法。岩塩の場合、地下の岩塩層に水を送り、塩分を溶かす手法がある。

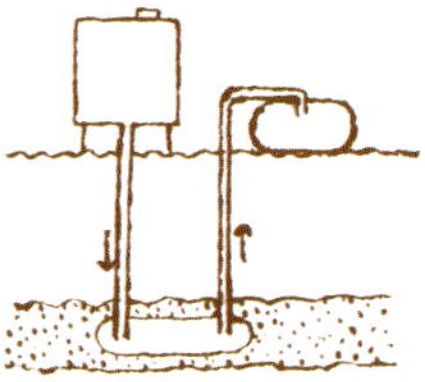

塩田での塩作りから近代化へ

日本で塩を作り始めたのは、狩猟生活から農耕生活へと移り変わる縄文時代の終わりごろといわれています。塩分は人間の体になくてはならないもの。それまで魚や肉に含まれた塩分で自然と摂取できていたものが不足し、体が自然と塩分を欲したためでしょう。

最初は海藻を燃やし、残った灰を塩代わりに使っていました。弥生時代になると、乾燥させた海藻に海水をかけて塩分の濃い海水を集め、土器で煮詰める「藻塩焼き」という方法が考えられました。以降、日本では塩田を作り、海水を濃くして塩を得る方法が一般的になります。

平安時代に考案されたのは、砂に海水をまいて乾燥させ、塩のついた砂を海水で洗い流して濃い海水を作る「揚浜式塩田」。しかし海水を汲み上げ、水分を蒸発させて塩を取り出すのは大変な労力でした。そこで、江戸時代に考え出されたのは「入浜式塩田」。塩の満ち引きを利用して海水を塩田に引き入れるという合理的な方法で、瀬戸内海ではこの製法での塩作りがさかんになりました。

昭和47年になってようやく現在の主流である「イオン膜法」での製塩が全国的に開始され、さらに効率化が進みます。

明治38年から日本に敷かれていた塩の専売制が平成9年に廃止されてからは、日本各地、世界各国のさまざまなタイプの塩が手に入りやすくなりました。

現在も、揚浜式製塩を行っている奥能登の塩釜。塩の焚き上げは、まる一日かかる。夏場は60℃を超える室内で、ずっと火の番をする。

二 結晶

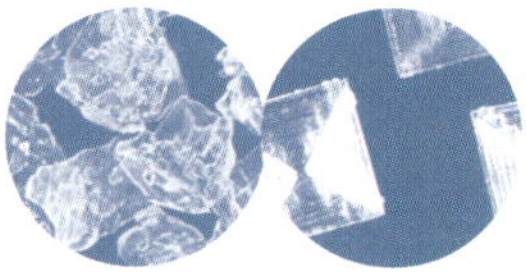

天日

太陽の力で塩が結晶化するまで乾燥させる方法。湿潤な日本の天候では、天日だけで結晶化できる地域はほとんどない。

結晶の特徴：トレミー塩、フレーク塩など、ふんわりしたもの。

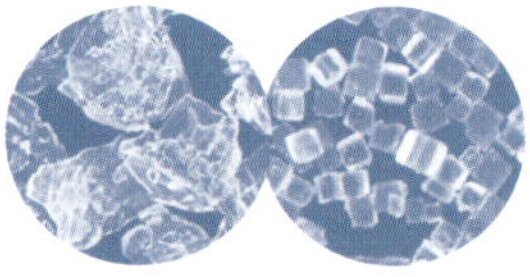

立釜と平釜

火力や蒸気を用い、塩を煮詰めて結晶化させる方法。立釜は、大型の真空釜で熱効率がよい。平釜は開放釜。

結晶の特徴：立釜は立方体塩。平釜はフレーク塩が多い。

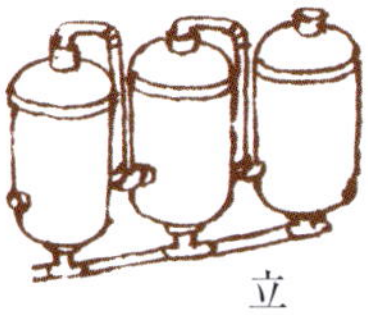

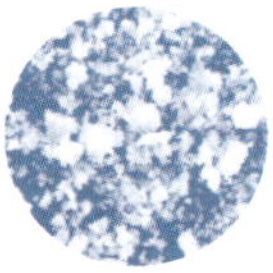

新しい結晶法

濃い塩水をスプレー噴射して結晶させる噴霧乾燥、加熱したドラムにしずくを落として結晶させる加熱ドラムなどがある。

結晶の特徴：スプレー式、ドラム式は微粒塩が多い。

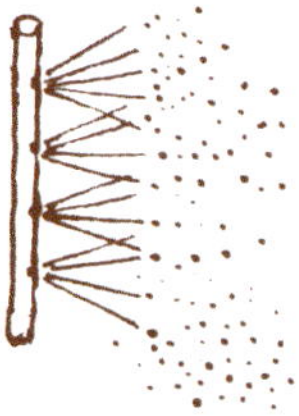

さとう

砂糖

サトウキビやテンサイから作られる甘味料

砂糖は、ブドウ糖と果糖が結合してできた蔗糖《しょとう》が主成分の甘味料です。

代表的な種類は、サトウキビを使った「甘蔗糖《かんしょとう》」と、テンサイ（砂糖大根）から作られる「甜菜糖《てんさいとう》」。料理やお菓子作り、紅茶やコーヒーに加えたりと多方面で活躍します。

甘味だけに目が行きがちですが、果物のペクチンという成分をトロッとさせたり、食品が傷むのを防いだりするといった効果があり、昔からその特性を利用していろいろな料理に使われてきました。

名称　紫餹、餹霜
Sugar

おもな原料（上白糖）
サトウキビ

年間消費量
1人あたり：19.2 kg

Data（小さじ1あたり）

●上白糖
重量：3g
しょ糖換算量：2.9g
エネルギー：12kcal

●グラニュー糖
重量：4g
しょ糖換算量：4g
エネルギー：16kcal

効果

●脳のエネルギー源になる
すばやく吸収され、疲労回復や脳の栄養源になる

●肉をやわらかく
水分とコラーゲンを結びつけ、肉をやわらかくする

●野菜の水分を引き出す
野菜に砂糖をまぶすと、余分な水分が抜け、味がしみやすくなる

●泡立ち保持
たんぱく質の水分を抱えこみ、泡がつぶれるのを防ぐ

保存法
湿度が高いと湿ってしまい、湿度が低いと固まる。密閉容器に入れ、冷暗所に保存して。においを吸着しやすいので、においの強い物の近くには置かない。

分蜜糖と含蜜糖との違いとは

砂糖は製法の違いによって「分蜜糖」と「含蜜糖」のふたつに分けられます。含蜜糖は、サトウキビのしぼり汁をそのまま固めたもので、ミネラルなど蔗糖分以外の成分が残ります。分蜜糖は、糖蜜分を分離させ結晶分だけを取り出して乾燥させたもので、純度の高い砂糖になります。

ポピュラーなグラニュー糖や上白糖、三温糖などは分蜜糖に分類されます。また、グラニュー糖を加工した氷砂糖や角砂糖、粉糖なども、分蜜糖です。

沖縄や鹿児島で作られる黒砂糖や、カエデの樹液を固めて作るメープルシュガーなどは含蜜糖の仲間。豊かな風味が特徴です。

糖蜜とは

砂糖の結晶を取り出すときに分離された、副産物。

グラニュー糖

紅茶やコーヒーなどの飲料、お菓子作りに向く砂糖。粒の大きさが0・2～0・7㎜のサラサラした結晶で、純度が高くにおいがない。

黒糖

サトウキビのしぼり汁をそのまま煮詰めた砂糖。独特の風味とコクがあり、郷土菓子に向く。粉状のもの、レンガ状のものなどがある。

上白糖

菓子、料理、なんにでも使いやすい砂糖。粒の大きさが0・1～0・2㎜と細かく、しっとりしている。

半精製の砂糖

サトウキビの成分や風味を残して作られる、含蜜糖の一種。おだやかなコクがある。きび砂糖、洗双糖などの製品がこれにあたる。

ザラメ糖

透明の白ザラ糖と、茶色の中ザラ糖がある。ともに純度が高く、粒は1～3㎜と大きい。白ザラ糖は、砂糖のなかで最も純度が高い。

和三盆

日本の伝統的な製法で作る砂糖。すっきりした甘みで、和菓子の原料として珍重される。徳島、香川県の名産品。

加工黒糖

黒糖に、原料糖、糖蜜などを合わせて煮詰め、砂糖にしたもの。黒糖特有の風味と、精製糖の使いやすさを併せ持つ製品。

三温糖

カラメルの香ばしい風味で、煮物や漬け物に向く砂糖。精製糖を作ったあとの糖液を、再度煮詰めて製造される。

ビターにとろけた砂糖の変化

ピスタチオのキャラメルがけ

材料（作りやすい分量）
ピスタチオ…50g（殻をむく）
グラニュー糖…40g
バター…5g
水…20cc

作り方
1 鍋にグラニュー糖と水を入れて中火にかけ、茶色くなりキャラメルの香りが立つまで混ぜずに煮立てる。
2 香ばしい香りが立ったら、ピスタチオを一気に加えて混ぜる。続いてバターを加え、全体をからめるように混ぜ、火を止める。
3 バットに広げて粗熱をとる。

カリッと香ばしい大人の味わい

コーヒー豆の砂糖菓子

材料（作りやすい分量）
コーヒー豆（深煎り）…50g
グラニュー糖…80g
水…80cc

作り方
1 鍋にグラニュー糖と水を入れて中火にかけ、煮立てる。グラニュー糖が溶け、鍋のふちに結晶がついてきたら火を止め、一気にコーヒー豆を加える。
2 すぐにかき混ぜ、豆のまわりに白い結晶がつくまで混ぜ続ける。豆全体が白っぽくなったら、バットに広げて粗熱をとる。

バターと砂糖で禁断の味

くるみのバターシュガー

材料（作りやすい分量）
くるみ…50g
グラニュー糖…40g
バター…10g
水…大さじ2
シナモン…適量

作り方
1 鍋にグラニュー糖と水を入れて中火にかけ、煮立てる。フツフツと泡が出てきたらバターを加えて溶かし、くるみを入れる。
2 火を弱め、混ぜながら5分ほど煎る。水分が蒸発し、砂糖がサラサラになったら火を止める。
3 バットに広げてシナモンをふり、粗熱をとる。

サッと作れる簡単ソース。トーストや果物に添えて

キャラメルクリーム

材料（作りやすい分量）

グラニュー糖…大さじ3
水…大さじ1
生クリーム…1／4カップ

作り方

1 耐熱ボウルに砂糖と水を入れて電子レンジで2〜2分半加熱する。
2 1を取り出し、すぐに生クリームを加えてすばやく混ぜる。

みたらしだれ

白玉だんごや餅にかければかんたんなおやつに

材料（作りやすい分量）

水…1／2カップ
上白糖…100g
しょうゆ…大さじ1
A 片栗粉…大さじ1
A 水…大さじ1

作り方

鍋に水と砂糖を入れて熱し、砂糖が溶けたらしょうゆを加える。最後にAでとろみをつける。

赤ワインソース

果物のコンポートやクレープに合わせて

材料（作りやすい分量）

赤ワイン…1／2カップ
グラニュー糖…大さじ2
三温糖…20g
レモンの皮…2㎝角
シナモンスティック…1／2本
ラム酒…大さじ1

作り方

1 鍋にラム酒以外の材料を入れて熱し、とろみがつくまで煮詰める。
2 火を止めてラム酒を加えて混ぜる。

カスタードソース

桃やいちご、季節の果物に添えて。缶詰の果物が別物になる

材料（作りやすい分量）

卵黄…1個分
牛乳…60cc
グラニュー糖…大さじ1
ラム酒…小さじ1

作り方

1 ステンレスの器に卵黄、グラニュー糖を入れて泡立て器で混ぜ、牛乳も加えてよく混ぜる。
2 弱火にかけ、木べらで混ぜながら煮る。
3 少しとろみがついてきたら火からおろし、鍋の底を水にあて、粗熱がとれるまで混ぜる。
4 ラム酒を加えて混ぜる。

黒砂糖ソース

サトウキビの風味豊か。さつまいも、バナナなどにぴったり

材料（作りやすい分量）

黒砂糖…50g
牛乳…1／4カップ

作り方

1 ボウルに黒砂糖を入れて、よくすりつぶす。
2 牛乳を少しずつ加え、よく混ぜる。

シンプルなバニラアイスや
カフェラテに加えて

カラメルソース

材料（作りやすい分量）
グラニュー糖…100g
水…60cc
熱湯…80cc

作り方
1 鍋にグラニュー糖と水を入れて強火にかけ、ときどき鍋をゆすってグラニュー糖を溶かす。水でぬらしたはけで、鍋の内側に飛び散ったシロップを落としながら煮詰める。
2 少し色づいたら弱火にし、あめ色になったらすぐに火からおろす。サッと冷水につけ、水からはずして熱湯を加え混ぜる。

甘みの足りない果物や
ドリンクに添えて

シロップ

材料（作りやすい分量）
グラニュー糖…2/3カップ
水…1カップ

作り方
1 鍋にグラニュー糖、水を入れ、火にかける。
2 煮立ってから、さらに2〜3分煮て、火を止める。

寒天に欠かせない
ホッとする甘み

黒みつ

材料（作りやすい分量）
黒糖…100g
水…10cc

作り方
黒糖と水を小鍋に入れて火にかけ、底をよく混ぜながら弱めの中火で煮る。途中でアクを取り、10〜12分ほど煮て半量になればできあがり。

しょうがと酢でさわやか。
炭酸で割るほか、
ドレッシングの材料にも

黒糖酢

材料（作りやすい分量）
しょうが…80g
黒糖…150g
酢…1カップ強

作り方
しょうがは薄切りにし、黒糖、酢とともに保存びんなどに入れる。1日1回かき混ぜる。1週間くらいから飲めるようになる。

サトウキビは原料糖にして消費地へ

砂糖は、サトウキビが原料の甘蔗糖《かんしょとう》と、テンサイが原料の甜《てん》菜糖《さいとう》に大きく分かれることは先に説明したとおりです。両方ともよく精製して不純物を取り除けば、ほとんど同じ砂糖になりますが、製造工程には大きな違いがあります。

甜菜糖は、おもに甜菜の生産地で砂糖に加工されます。対して甘蔗糖は、サトウキビの生産地でいったん「原料糖」という黄褐色の砂糖が作られてから消費地へ運ばれ、さまざまな種類の砂糖に加工されます。なぜ原料糖を作るのかというと、サトウキビの糖分は分解しやすく、生産地で一度加工しておかないと、遠距離での輸送に耐えられなくなるためです。甜菜糖のように、原料から製品まで一貫して製造する白砂糖のことを「耕地白糖」と呼びます。

原料糖にされて日本へ運ばれる。

サトウキビと甜菜

サトウキビは、太い茎をもつイネ科の多年生植物で、生長すると3～6mの高さになります。収穫までの期間はおよそ9～18か月。温かく湿度の高いところで育ち、日本では鹿児島県の南西諸島や沖縄県で栽培されています。

甜菜は、カブに似たアカザ科の植物。根の部分に糖分を含みます。寒冷なところで育ち、日本では北海道で栽培されます。

砂糖の原料のうち、サトウキビは世界の生産量の約6割を占め、甜菜は約4割を占めます。

作り方（サトウキビの精製糖）

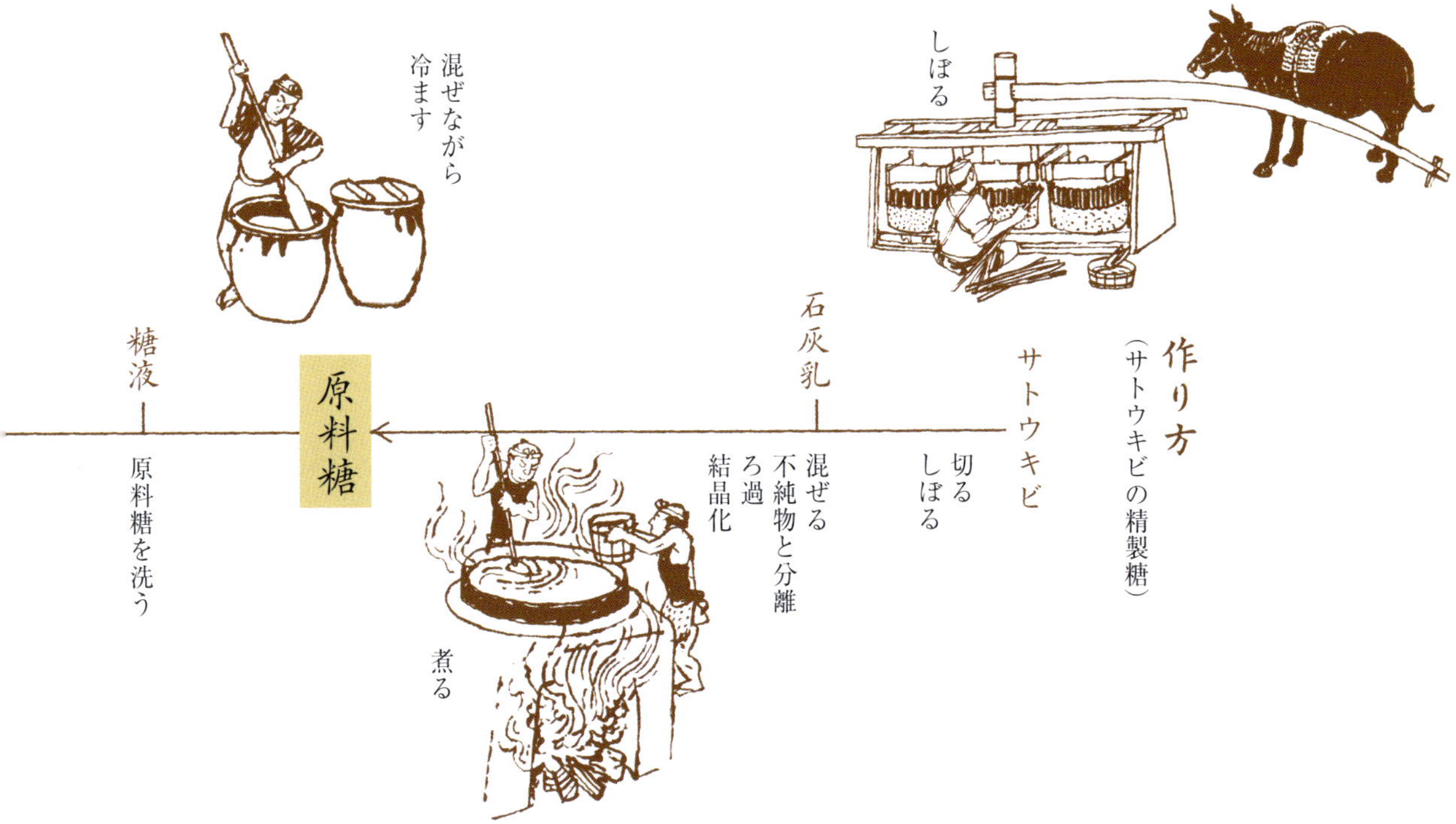

歴史

鎖国時代、ぜいたくな輸入品から国産へ

砂糖はインドを起源として世界中に広まった甘味料とされ、日本へは奈良時代、中国から遣唐使によって伝来したといわれています。当時の砂糖は黒糖に近いもので、おもに薬として扱われていました。奈良時代に東大寺に献納された、薬物60種を奉納した目録『種々薬帳』には当時の砂糖についての記述が残されています。

甘味料として砂糖が使われだしたのは、中国との貿易がさかんになり砂糖が輸入されるようになった、室町時代の初期。高級嗜好品として大名や将軍にもてはやされ、茶の湯で供される和菓子作りにも珍重されました。

江戸時代初期になると、ついに日本で砂糖の製造が始まります。鎖国時代、長崎の出島で貴重な砂糖を仕入れる対価として、金や銀が外国に大量に流出したことで幕府の危機感が募り、砂糖の国産化に踏みきったのです。幕府によりサトウキビ栽培が奨励され、西日本を中心に手作業による和三盆糖などの砂糖作りが始まりました。

明治に入ると、海外の工場で作られた安価で良質な白砂糖が大量に輸入され、国産の製糖業はピンチに。しかし日清戦争後、当時の日本領土、台湾で大型の製糖工場が稼働します。

こうして戦争による危機を乗り越え、現在のような砂糖作りが確立されていきました。

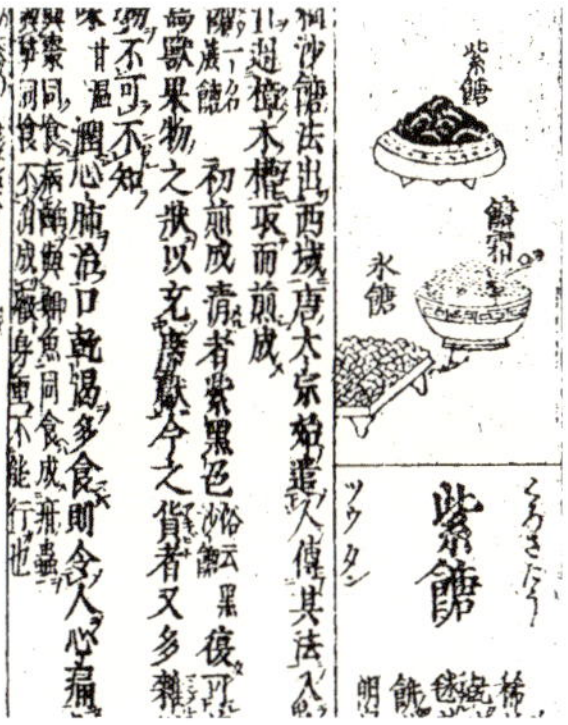

『和漢三才図会』の砂糖。ほとんどを輸入に頼る、高級品だった。

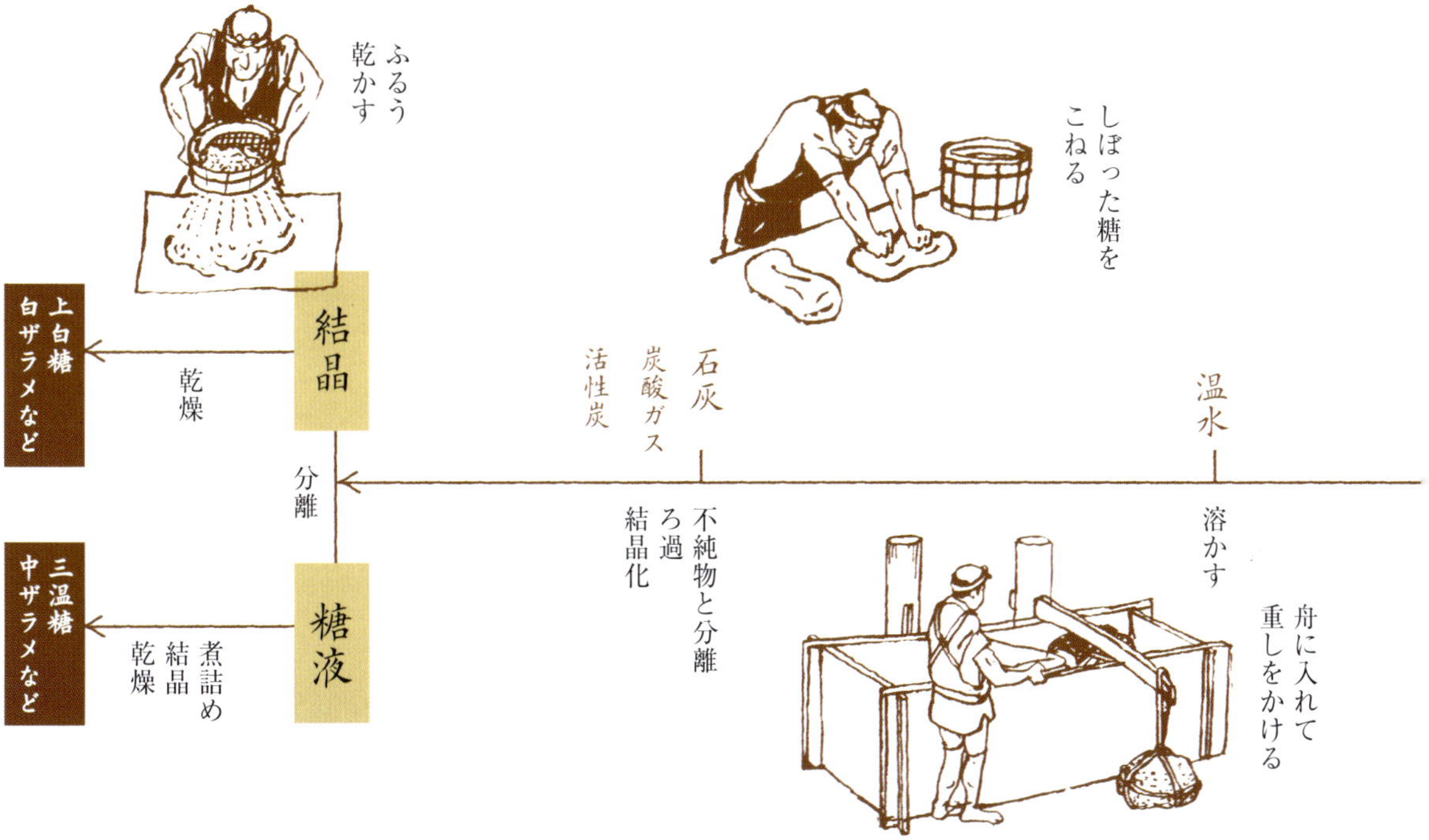

コラム

菓須帝羅《カステラ》と砂糖

日本人が初めてカステラとおぼしき菓子を口にしたのは、室町末期。長崎を訪れたポルトガルの宣教師か商人が作ったものだとされています。その上質な甘みと食感は、驚きでしかなかったことでしょう。

カステラの原型とされるポルトガル菓子は、いくつかあります。そのひとつが「パォン・デ・ロー」で、小麦粉、卵黄と少量の卵白、白糖だけで焼かれたもの。その時代、卵白は洗濯ノリに使ったともいわれ、全卵ではありませんでした。生クリームを使用していないので、当時の日本でも材料がそろったようです。しかし、白糖はポルトガルの南蛮船が運んできたもの。日本では黒砂糖すら作られていませんでした。

カステラの源流を追って、ポルトガルまで修業に行った和菓子職人の中田春美さんが、いま日本でもこの「パォン・デ・ロー」を焼いています。

春美さんのポルトガルでの師匠、パウロ・ドゥアルテさんは、日本のカステラに魅せられ、リスボンでこれを焼いている職人です。海を渡った葡萄牙《ポルトガル》菓子、時代を越えた縁を感じさせてくれます。

中田春美さん

「和菓子処＆ポルトガル菓子処　清野」でポルトガル菓子を担当。パォン・デ・ローは、要予約。

パォン・デ・ローは、教会の復活祭には欠かせない菓子で、守護聖人へのお供え物。ポルトガル人は、東方交易のなかで日本にも白糖とパォン・デ・ローを伝えたわけです。

寛永元年（１６２４年）、長崎には福砂屋が創業。江戸初期には、すでに南蛮の砂糖を使ったカステラができあがっていました。しかし庶民が口にできるものではなく、多くが武家などへの献上品。趣味人の茶会でも供されたようです。

現在のカステラは、水飴を入れてしっとりとした食感にしますが、これは明治以降の製法とされています。

江戸末期、時代をひらいた坂本龍馬も、この味に魅せられたひとりでした。交易や運輸を生業《なりわい》とした亀山社中では、オランダ船との取引代金に「ザラメ」を受け取っていたといわれています。長崎だけでなく日本中で、それほど砂糖の需要があったということです。

鶏卵と小麦粉、そして砂糖の甘味だけで、これほどの魅力的な菓子が生まれました。そして時代を越え海を越え、カステラは人々に愛され続けているのです。

新しい調味料

マヨネーズ・ケチャップ・ソース

マヨネーズ

和洋問わず使える さまざまな調味料と 相性バツグン

クリーミーな口当たりと濃厚なコク、ほどよい酸味で、大人から子どもまでファンの多いマヨネーズ。サラダだけでなく、肉や魚のソテーに添えたり、お好み焼きや寿司にのせたりと、洋にも和にも使える懐の深さも魅力です。しょうゆやみそ、ケチャップ、わさび、からしなど、相性のいい調味料もたくさんあり、アレンジ力もあります。

ここでは、外国のソースだったマヨネーズがどのように日本の家庭に浸透していったのかを振り返ります。

名称 Mayonnaise

原料 卵、植物油、醸造酢、香辛料、塩

年間消費量
1人あたり：1.6kg

Data（大さじ1あたり）
重量：12g

●**卵黄型**
塩分換算量：0.24g
エネルギー：80kcal

●**全卵型**
塩分換算量：0.23g
エネルギー：80kcal

効果

●**まろやかな味に**
コクをだしながらも酸味を与え、まろやかな味に

●**ジューシーに**
乳化した油の働きにより、ひき肉料理の下ごしらえに加えるとジューシーに

●**ふんわりと**
ホットケーキの生地に加えると、ふんわりした食感に

保存法
冷蔵庫で保存する。温度が低すぎると分離するので、ドアの近くや野菜室に。

卵黄型

最も身近なタイプのマヨネーズ。ちなみに食品メーカーのキユーピーでは、マヨネーズ５００gにつき卵4個分の卵黄を使用している。

全卵型

卵がまるごと使われており、クリーミーなのが特徴。サンドイッチなどに塗りやすい。

マヨネーズタイプ

カロリーカットタイプのもの。油分が少なく、空気を含ませることでなめらかにしている。

原料で異なる3種類のマヨネーズ

日本でポピュラーなマヨネーズは、卵黄タイプ。これはヨーロッパで作られるレシピです。これに対してアメリカのマヨネーズは全卵タイプが主流。なめらかでさっぱりした口当たりの全卵タイプですが、意外なことにカロリーは卵黄タイプよりやや高めです。

近年、急増しているのが健康志向に応えた「マヨネーズタイプ」。ＪＡＳの「マヨネーズ」基準は食用の植物油脂が65％以上のものであるのに対し、カロリーをカットしている製品は油の量を減らしたり、原材料に工夫したりしているため、「マヨネーズタイプ」として区別されています。

コラム

フレンチのマヨネーズは？

フレンチレストランの厨房では、マヨネーズ作りは新人の仕事。

「作り方は、難しくありません。その味は、日本の市販のマヨネーズが目標なんですよ」と話すのは、ル・ブションのオーナーシェフ保坂慎一さん。

フランス人は、マヨネーズでサラダを食べる習慣はありませんが、魚料理のソースや肉のつけ合わせにと、幅広く使われるソースのひとつです。ゆで卵を加えるとタルタルソースになり、マスタードや魚介のスープを加えてもおいしくなります。

フランス料理の味つけは、酸味のつけ方がポイントです。ベースになるマヨネーズの酸味と固さは、日本の市販品くらいが基準になるのだとか。

「ステンレスボウルの金気は乳化を妨げるので、ガラスのボウルを使います。卵を常温にしておけば、失敗することはありませんよ」と、保坂シェフはホイッパーを軽く回しながらオイルを糸のように卵黄にたらす。1分とかからず見事に乳化し、マヨネーズはまたたく間に仕上がりました。

家庭にあるものですぐできる

マヨネーズ

材料（作りやすい分量）

卵黄…4個分
塩…7g
こしょう…7回ふりかける
マスタード…大さじ1
白ワインビネガー…大さじ2
サラダ油…2カップ強

1 卵を割り、卵黄と卵白に分ける。卵黄に塩とこしょうをふり、かき混ぜる。

2 かき混ぜながら、マスタード、ワインビネガーを順に加える。最初に入れた塩がしっかり溶けるようにする。

3 一方向にかき混ぜ続けながら油を、糸をたらすように少量ずつ加えていく。

4 卵にハリがでたら、油を多めに加えてもOK。好みの固さになるまで油を加えて混ぜ、完成。

ル・ブションのまかないレシピ

じゃがいものソテーマスタード風味

材料（作りやすい分量）

じゃがいも…中2個
バター…大さじ1
塩…適量
マヨネーズ…大さじ2
粒マスタード…大さじ2
生クリーム…少々

1 じゃがいもは縦半分にし、5㎜の厚さに切る。フライパンに油（分量外）とバターを温め、じゃがいもを入れて弱火でじっくり揚げる。

2 じゃがいもがほんのりきつね色になったら、火を強めて香ばしさをだす。火を止めてざるにあげ、油をきる。

3 じゃがいもに塩をからめ、マヨネーズ、マスタード、クリームで和える。目玉焼き、ほうれん草のソテーなどに添えると、おいしい。

保坂慎一さん

東京・日本橋浜町の「ル・ブション」オーナーシェフ。フランス修業での経験を活かし、クラシックなフランス料理の味を大切にしている。

レシピ

元祖メノルカ島のマヨネーズ

マヨネーズ発祥の地のレシピは至ってシンプル。卵黄に塩を加えたら、油を加えながら、乳鉢でひたすらかき混ぜます。時間は15分～30分ほど。メノルカ島の名人でも、ときには固まらないそうです。ポイントは、油を少しずつ加えていくこと。元祖マヨネーズの味をお試しください。

サルサ・マオネーサ

材料（作りやすい分量）

卵黄…2個分（常温にする）
塩…少々
オリーブオイル…大さじ3程度

作り方

1 乳鉢に塩を入れ、卵黄を加えてすりこぎで混ぜる。
2 オリーブオイルを数滴ずつ加えながら、さらに混ぜる。少しずつオリーブオイルを加え、混ぜる作業を十数回ほど繰り返す。
3 15分ほど混ぜて、粘り気がでてきたらオリーブオイルを加える量を増やす。固まったらできあがり。

ミルクマヨネーズ

さっぱり軽い味。牛乳を豆乳に代えても

材料（作りやすい分量）

A
牛乳…1／4カップ
サラダ油…1／2カップ
マスタード…大さじ1
塩、こしょう…各少々
酢…大さじ1

作り方

1 ミキサーにAをすべて入れ、混ぜ合わせる。
2 1に酢を加え、再度混ぜ合わせる。

メレンゲ風マヨ

フワフワに軽い、アレンジマヨネーズ

材料（作りやすい分量）

マヨネーズ…大さじ2
卵白…2個分
塩…少々
レモン汁…小さじ1

作り方

1 メレンゲを作る。ボウルに卵白と塩を入れて泡立て、メレンゲにする。
2 マヨネーズ、レモン汁を加えてさっくりと混ぜる。

マヨネーズの裏技

洗うときは水洗い

マヨネーズの汚れは、湯や洗剤で洗うと落ちにくくなる性質が。サッとふき取ってから水洗いを。

揚げないエビフライ

エビに小麦粉、マヨネーズ、パン粉を順にまぶし、トースターかグリルで10分ほど焼くと、エビフライ風に。お弁当などに。

ジューシーに

ハンバーグの肉だねにマヨネーズを5％程度加えると、ジューシーに焼きあがる。

ふんわりと

ホットケーキの生地に、粉100gにつき大さじ1のマヨネーズを加えると、ふんわりした食感に。

バターの代わりに

スクランブルエッグをマヨネーズで作ると、フワフワ、トロトロの仕上がりに。

大人っぽい
ポテトサラダに

マスタードマヨネーズ

材料（作りやすい分量）
マヨネーズ…大さじ2
マスタード…小さじ1

作り方
すべての材料を混ぜ合わせる。

ゆでエビや
アスパラガスなどの温野菜に

オーロラソース

材料（作りやすい分量）
マヨネーズ…1／4カップ
トマトケチャップ…大さじ2
こしょう…少々

作り方
すべての材料を混ぜ合わせる。

鶏肉や白身魚の
ソースとして

ワインマヨネーズ

材料（作りやすい分量）
マヨネーズ…大さじ1
白ワイン…大さじ1

作り方
すべての材料を混ぜ合わせる。

野菜スティックのディップに。
炒め物のたれにも

みそネーズ

材料（作りやすい分量）
マヨネーズ…2／3カップ
みそ…大さじ3
白ワイン…大さじ3
にんにく…1かけ

作り方
1 にんにくはすりおろす。
2 ボウルに材料を合わせて、なめらかになるまでよく混ぜる。

ツナ缶やきのこと和えて
サラダにトッピングして

ハニーセサミマヨネーズ

材料（作りやすい分量）
マヨネーズ…1／2カップ
はちみつ…大さじ1
白練りごま…大さじ1

作り方
マヨネーズにはちみつと白練りごまを加え、よく混ぜる。

魚介のフライに
欠かせないソース

タルタルソース

材料（作りやすい分量）
マヨネーズ…大さじ4
玉ねぎのみじん切り…大さじ1
ピクルスのみじん切り…大さじ1
ゆで卵のみじん切り…1／2個分
パセリのみじん切り…少々

作り方
すべての材料を混ぜ合わせる。

淡泊な味の野菜に合わせて。
パンにぬっても

たらこディップ

材料（作りやすい分量）
マヨネーズ…大さじ4
エクストラバージンオリーブオイル
…大さじ2
たらこ
…2腹分（1／2カップ）
こしょう…適量
あさつき（小口切り）
…4本分

作り方
たらこは包丁の背でしごいて薄皮を取り除く。たらこ、あさつき、マヨネーズ、オリーブオイル、こしょうを加えて混ぜ、味を調える。

和風サラダの
ドレッシングに

わさびマヨネーズ

材料（作りやすい分量）
マヨネーズ…大さじ4
練りわさび…小さじ2
しょうゆ…小さじ1

作り方
すべての材料を
混ぜ合わせる。

きゅうりにぴったりの味。
おにぎりの具にも

おかかマヨネーズ

材料（作りやすい分量）
マヨネーズ…大さじ2
しょうゆ…大さじ1／2
かつお節…6g
塩…少々

作り方
すべての材料を
混ぜ合わせる。

大根サラダや
和風のサンドイッチに

梅マヨネーズ

材料（作りやすい分量）
マヨネーズ…1／2カップ
梅肉…大さじ2

作り方
梅干しの種を除いて包丁で細かくたたき、ペースト状にして梅肉大さじ2を用意する。マヨネーズに加えて混ぜ合わせる。

鶏肉や豚肉などをのせた
おかずサラダに

カレーマヨネーズ

材料（作りやすい分量）
マヨネーズ…1／2カップ
カレー粉…小さじ1強
おろし玉ねぎ…大さじ1
レモン汁…小さじ1

作り方
すべての材料を
混ぜ合わせる。

牛乳でのばせば
葉野菜にもなじみやすい

クリーミードレッシング

材料（作りやすい分量）
マヨネーズ…2／3カップ
牛乳…大さじ2

作り方
マヨネーズに牛乳
を混ぜ合わせる。

製造工程

卵の力で酢と油を乳化させる

マヨネーズには、卵黄だけ使うタイプと全卵を使用するタイプがあります。割った卵を貯蔵タンクに入れ、酢、食塩、そのほかの調味料などと混ぜて味つけされます。そこに植物油を加え、高速で混ぜて乳化させれば完成。

マヨネーズ作りでいちばん重要なのは、この「乳化」の作業です。酢と油だけでは混ぜても分離してしまいますが、卵を加えることで分離せずに混ぜられるのです。きめ細かな粒子にするためにさらに混ぜて、ぽってりとなめらかな状態に仕上げます。

完成品を、すばやく容器に詰めればできあがり。酸化が大敵のマヨネーズの容器には、酸素の侵入を防ぐためのさまざまな工夫がメーカーにより施されています。

メノルカ島マヨネーズ選手権

マヨネーズ発祥の地である地中海西部スペインのメノルカ島では、マヨネーズは手作りが一般的。毎年マヨネーズ作りの腕を競う大会も開かれています。マヨネーズ名人は、卵黄と油を乳化させ、スプーンをさかさまにしても落ちないような濃厚さに仕上げます。

お酢を入れない元祖マヨネーズの味はとてもまろやか。天候や気温でも出来不出来が変わるという手作りならではの味が、現代にも引き継がれているのです。

手作りのもの

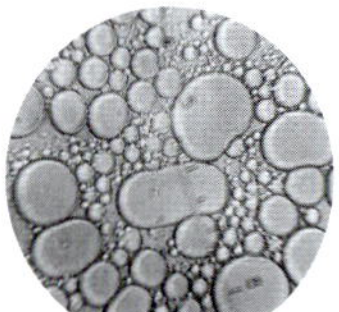

キユーピーマヨネーズ

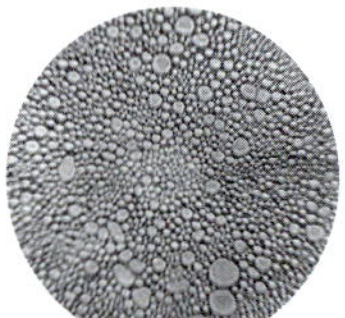

乳化とは？

マヨネーズの場合、油が卵黄に包まれて粒状になることで、水分と混じり合うのが乳化。なるべく泡を細かくするのがポイントで、機械で混ぜるメーカー品は、まろやかに仕上がる。

日本人は、ディープなマヨネーズ好き

日本人1人あたり、年間のマヨネーズ使用量はなんと1．6kg。世界でもトップクラスです。同時に、日本人は卵が大好きな国民でもあります。年間の消費量は324個と、こちらも世界有数。

日本の卵使用量のうち、約10%は、大手メーカーのキユーピーで消費されています。キユーピーの自動卵割り機は、1分間に600個の速さで割る優秀さ。

スペインの島で生まれたマヨネーズですが、もはや私たちの食生活に欠かせない調味料のひとつとなっています。

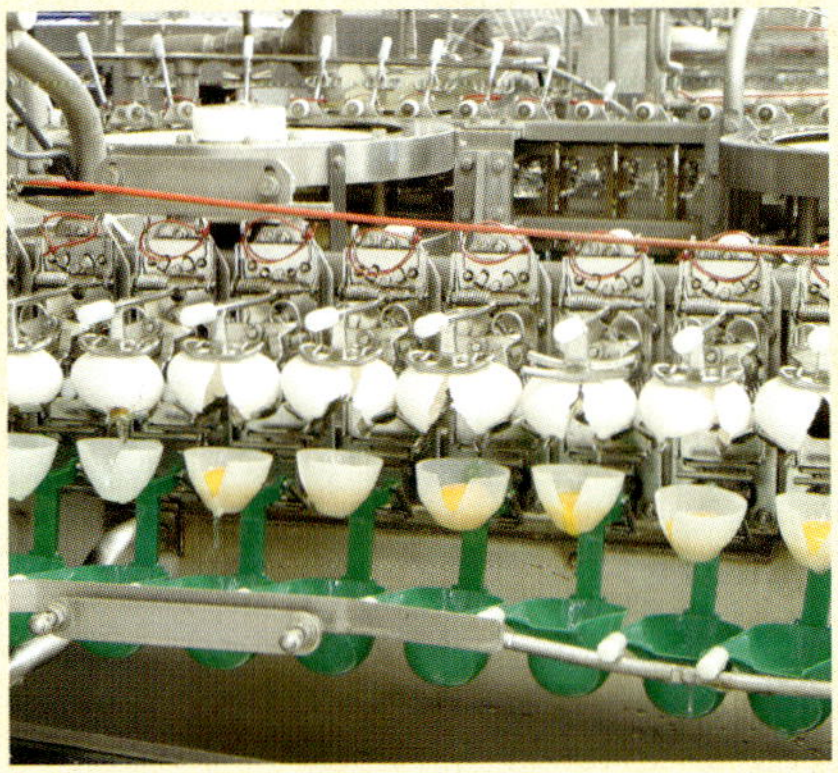

歴史

国内向けにアレンジして日本でも大人気に

マヨネーズのルーツについては地名説や人名説など諸説ありますが、なかでも有力なのはスペインでのある出来事から生まれたという説です。

フランスとイギリスの間で激しい植民地争いを繰り広げた18世紀半ば、フランス軍の指揮官リシュリュー侯爵が、当時イギリス領だったスペインのメノルカ島を攻撃しました。戦火のなか、彼はメノルカ島の港町マオンで出合ったソースのおいしさに感激。のちにフランスに帰ってそのソースをパリに紹介しました。このときに〝マオンのソース〟＝「Ｍａｈｏｎｎａｉｓｅ（マオンネーズ）」と呼ばれたソースが、「Ｍａｙｏｎｎａｉｓｅ（マヨネーズ）」となったとか。

日本に初めてマヨネーズを紹介したのは、マヨネーズの大手メーカー、キユーピーの創始者・中島董一郎です。１９１２年、農商務省の海外実業練習生として渡英したあと、彼はアメリカでマヨネーズと出合い、その味わいに魅了されます。帰国後に会社を設立。関東大震災からの復興を機に、西洋化へ向かう時代の潮流にのって、日本でのマヨネーズ作りを開始します。欧米人に負けない体力をつけるため、海外品の2倍の卵黄を使用するなど日本人向けに工夫を重ね、ついにマヨネーズを発売しました。

最初は鮭やカニの缶詰に合わせるソースとして紹介したものが徐々に用途が広まり、各家庭に浸透していきました。

発祥の地、スペイン・メノルカ島。

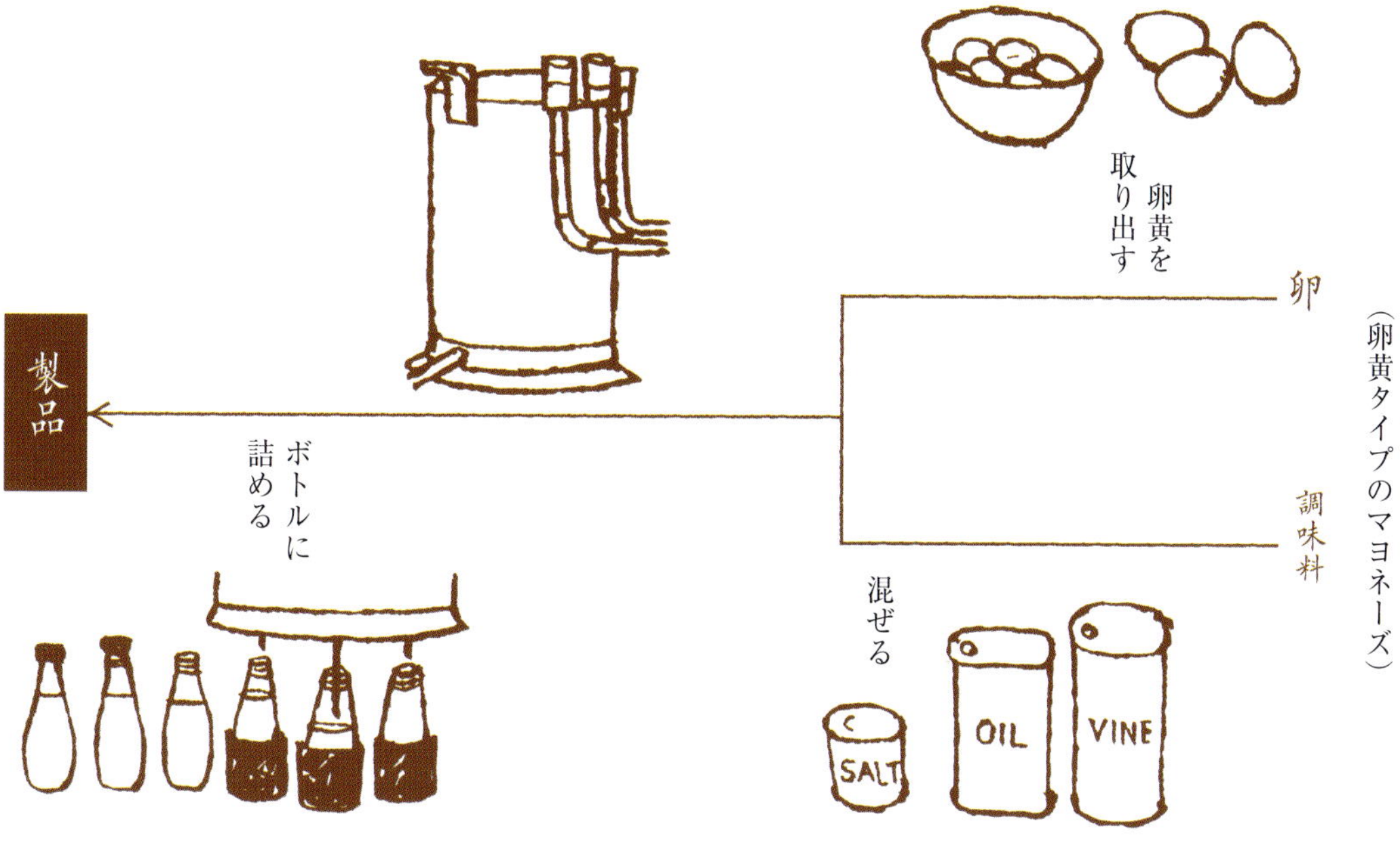

ケチャップ

大人も子どもも大好き！複雑なうま味で味つけもピタッと決まる

オムライスやナポリタン、ハンバーグのソースなど、おもに洋食メニューで活躍するトマトケチャップは、大人だけでなく子どもにも大人気の調味料。トマトの酸味の奥に甘味やスパイシーさも感じられ、これだけで味つけが決まるほど便利なものです。

1世紀以上前にアメリカから日本に伝わった舶来品のトマトケチャップは、日本人の好みに合わせてご飯に合う味に改良されてきました。

名称　Ketchup

原料　トマト、玉ねぎ、香辛料、醸造酢、砂糖類、塩

年間消費量
1人あたり：0.8ℓ

Data（大さじ1あたり）
重量：15g
塩分換算量：0.5g
エネルギー：16kcal

効果
●一発で味つけ
塩気、甘み、酸味のバランスがよく、味つけが決まる
●うま味アップ
トマトのうま味成分が凝縮されている

保存法
開栓後は冷蔵庫へ。このとき、0℃以下になると分離してしまうので、冷蔵庫のドアポケットか、野菜室がベスト。

種類

▲ケチャップ
砂糖や酢、スパイスで味つけされているため、保存性にも優れている。酢やスパイス、好みのハーブを加えると、オリジナルの味に。

▲ピューレー
ペーストよりも濃度が低く、3個分のトマトを1個分に濃縮した濃さ。トマトのフレッシュな香りが残っているので、スープやミートソースに。

▲ペースト
トマトを裏ごしして煮詰めた製品。6個分のトマトを1個分に濃縮した程度の濃さで、しっかりしたうま味がある。煮込み料理に。

トマトの加工品、どう違う？どう使う？

日本でケチャップといえば、トマトケチャップ。もともとは、トマトと野菜とスパイスを煮込んだ保存食でした。現代では、食品の保存技術も進歩し、さまざまな加工品が登場しています。

よく似たトマトの加工品に、トマトペースト、トマトピューレーがあります。ペーストとピューレーは、トマトを裏ごしして煮詰めたもの。ケチャップは、酢や砂糖、スパイス類でバランスよく味つけしたものです。

味のバランスがとれたケチャップは、メインの味つけにもかくし味にも使えるのに対し、ピューレーとペーストは基本的に味つけは塩程度。素材としての、トマトの酸味やうま味が残っています。

安心でおいしい、わが家の味に

自家製ケチャップ

材料（作りやすい分量）

トマトの水煮缶（400g）…2缶
玉ねぎ…小2個（すりおろす）
にんにく…2かけ（すりおろす）
レモン汁…大さじ1

A
砂糖…大さじ3
塩…大さじ1

B
シナモン…小さじ1弱
クローブ…小さじ1弱
こしょう…少々

作り方

1 鍋に、トマトの水煮缶の中身を果肉をつぶしながら入れ、中火にかける。煮立ったら火を弱め、混ぜながら10分ほど煮る。
2 1に、玉ねぎ、にんにくを加えて、さらに15分ほどアクを取りながら煮詰める。
3 2をミキサーにかけ、ペースト状にする。鍋に戻し、中火にかける。
4 鍋が煮立ったらAを順に加え、さらに10分ほど煮る。Bを加えて煮立て、レモン汁を入れて火を止める。
☆最低1日、できれば1週間ほどおくとおいしい。

ナポリタンのコツは

意外なことに、しょうゆと同じくらいの割合で水分を含むケチャップ。パスタやご飯に加える前に、炒めて水分を飛ばして。

炊き込みご飯にも

和風の炊き込みご飯にも、ケチャップを加えるとおいしさアップ。

みそ汁のだし代わりに

トマトケチャップには、昆布と同じうま味成分がたっぷり。炒めて水分を飛ばしてから湯を注げば、だし汁に大変身！

下ごしらえにシトラール

ケチャップには、シトラールという肉や魚の臭みを抑える効果をもつ成分が含まれる。ハンバーグのたねに加えるのがおすすめ。

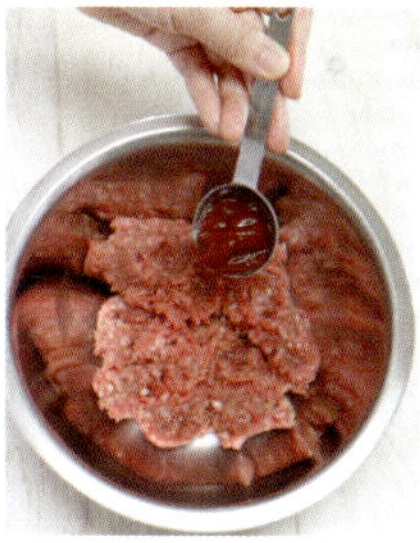

お掃除にもケチャップ？

ケチャップには、酸性の性質と酵素によってサビを落とす効果が。ミキサーの歯など、うっかりサビさせてしまったら、ケチャップをつけてひと晩ほどおいてみて。

中華の定番。揚げた豚肉と油通しした野菜にからめて

酢豚のあん

材料（作りやすい分量）

トマトケチャップ…大さじ2
砂糖…大さじ5
酢…大さじ3
しょうゆ…大さじ2
塩…小さじ1／2
中華スープ…1カップ
A 片栗粉…大さじ1
　水…大さじ2

作り方

1 調味料とスープはボウルに入れ、砂糖が溶けるまでよく混ぜ合わせる。Aは別のボウルでよく混ぜ合わせる。
2 中華鍋でピーマン、玉ねぎなどお好みの野菜（分量外）を炒め、1を入れて煮立てる。Aを加えてとろみをつける。

エビなど魚介類にぴったり。ゆでたアスパラガスにも

サウザンド・アイランドドレッシング

材料（作りやすい分量）

トマトケチャップ…大さじ2
牛乳…大さじ2

作り方

牛乳とケチャップをよく混ぜ合わせる。

子どもも大好きな味。ソテーした鶏肉に合わせて

バーベキューソース

材料（作りやすい分量）

トマトケチャップ…大さじ3
しょうゆ…大さじ2
はちみつ…大さじ1
おろし玉ねぎ…大さじ1
おろしにんにく…小さじ1

作り方

玉ねぎとにんにくをフライパンで炒め、残りの調味料と合わせる。ソテーした鶏肉に。

かに玉や天津丼など中華の卵料理に

かに玉の甘酢あん

材料（かに玉2人分）

トマトケチャップ…大さじ2
砂糖…大さじ2
酢…大さじ2
酒…大さじ1
鶏ガラスープ…1カップ
片栗粉…大さじ1／2

作り方

すべての調味料とスープを合わせ、よく混ぜながら火にかけ、片栗粉でとろみをつける。

タコスに欠かせないソース。チキンやソーセージに合わせても

サルサソース

材料（作りやすい分量）

ミニトマト…8個（四つ割り）
香菜…1本（ざく切り）
トマトケチャップ…大さじ1
レモン汁…大さじ1
タバスコ…小さじ1

作り方

すべての材料を混ぜ合わせる。

蒸し鶏やハムをトッピングしたごちそうサラダに

中華ドレッシング

材料（作りやすい分量）

トマトケチャップ…大さじ3
ねぎ…5㎝（みじん切り）
しょうが…1かけ（みじん切り）
酢…大さじ1
しょうゆ…大さじ2
ごま油…大さじ1
豆板醤…少々

作り方

すべての材料を混ぜ合わせる。

骨つき豚肉の漬け込みだれ。バーベキューがグッと豪華に

スペアリブのたれ

材料（作りやすい分量）

トマトケチャップ…大さじ2
酒…大さじ3
しょうゆ…大さじ2
八丁みそ…大さじ1
砂糖…大さじ1／2
しょうが汁…小さじ1
塩…小さじ1

作り方

ビニール袋にすべての材料を入れる。スペアリブ（分量外）を3～4時間漬け込み、オーブンで焼く。

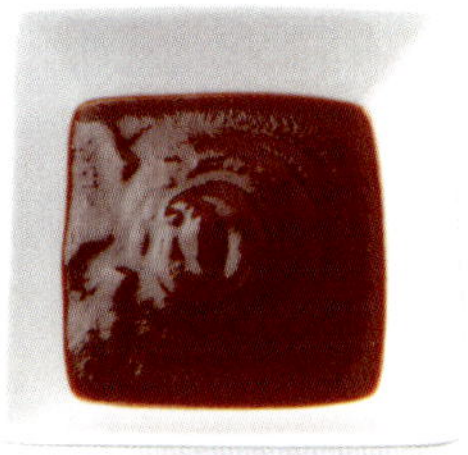

鶏肉にたれをぬり、グリルで加熱。手軽に作れるタンドリーチキン

タンドリー風チキンだれ

材料（作りやすい分量）

トマトケチャップ…大さじ1／2
プレーンヨーグルト（無糖）…大さじ1／2
カレー粉…大さじ1／2
しょうゆ…小さじ1
はちみつ…小さじ1
おろしにんにく…小さじ1／2

作り方

すべての材料を混ぜ合わせる。

ハンバーグに、チキンソテーに。焼いた肉汁を活かしたソース

デミグラス風ソース

材料（作りやすい分量）

トマトケチャップ…大さじ4
ウスターソース…大さじ2
しょうゆ…小さじ1
酒…大さじ1

作り方

肉などを焼いたあとのフライパンに、すべての材料を入れて煮立てる。

定番のエビのほか、衣をつけて揚げた白身魚や鶏肉にも

チリソース

材料（作りやすい分量）

トマトケチャップ…大さじ6
にんにく…大さじ1／3（みじん切り）
酒…大さじ1
しょうが…大さじ1／2（みじん切り）
酢…大さじ1
玉ねぎ…大さじ2（粗みじん切り）
豆板醤…大さじ1
鶏ガラスープ…大さじ6

作り方

すべての材料を混ぜ合わせる。

調合のポイントは酸味と甘味のバランス

トマトケチャップ作りに必要な材料は、トマト、玉ねぎ、醸造酢、塩、砂糖、香辛料。基本的に材料を調合するだけのケチャップは、素材の味とその配合で、味が決定します。

トマトケチャップに向くのは、色も味も濃いトマト。完熟のものを収穫し、生産地でペースト状に加工されます。生食用のトマトの多くが青いうちに収穫されるのに対し、完熟で収穫されるトマトケチャップはリコピンが豊富だといわれています。

工場では、加工されたトマトペーストに、砂糖や酢などの副原料を加えて混ぜ、殺菌、充填されて出荷されます。酢、塩、砂糖などの調味料は、味つけのためだけでなく、天然の防腐剤としての効果も果たしています。

トマトの話

トマトケチャップメーカーによっては、一般的な生食用トマトではなく、専用の改良品種を使う。トマトケチャップ独特のコクやおいしそうな色は、加工品種ならでは。

生食用
ピンク系トマト

加工用
赤系トマト

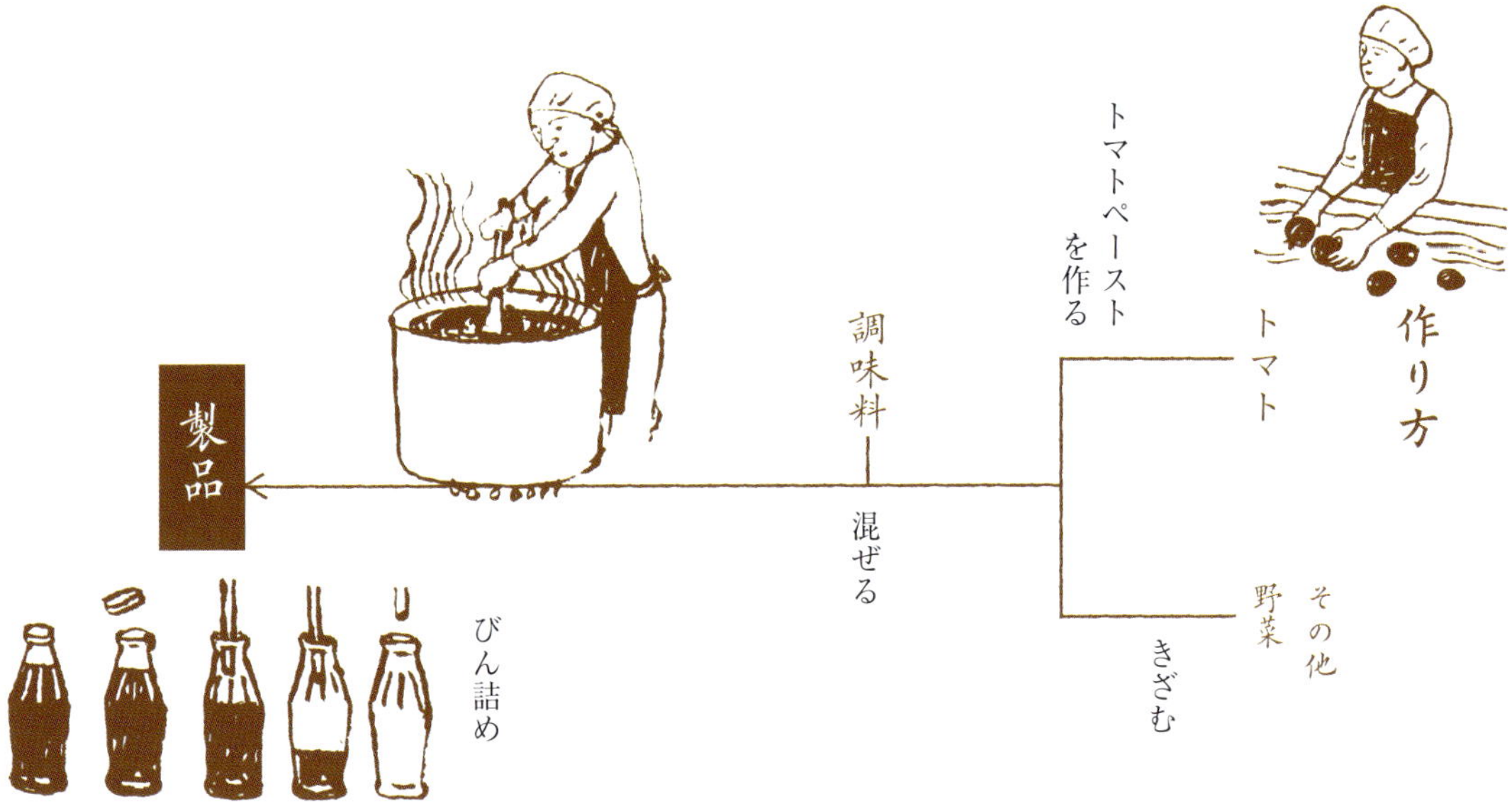

アメリカが発祥。「外国の味」から「米に合う味」に

トマトを使ったケチャップはアメリカで誕生しました。いちばん古い記録は、ニューヨークに保存されている、1795年に書かれた料理写本。それによると、新大陸アメリカに渡ったイギリスの移民たちが、当時普及し始めたトマトを使って作ったのが始まりとされています。現在の味わいとは遠く、甘味も酸味も貧弱なソース状のもので、防腐用に酢が加えられていました。

19世紀半ばにカリブ海諸国から砂糖が大量輸入されるようになると、砂糖で調味することが定着。砂糖を加えることで保存性も高まりました。さらに改良を重ねて甘みと酸味のバランスがとれた、現在に近いトマトケチャップになります。最初は家庭で手作りされたトマトケチャップも、さまざまなメーカーの工場で大量生産されるようになりました。

日本で初めて作られたのは、明治30年半ばごろ。横浜の清水屋というメーカーが初とされています。明治36年には、大手メーカーカゴメからトマトソースが発売され、改良を重ねて日本人好みのトマトケチャップを完成させます。

昭和初期には、オムライスをはじめとした洋食の普及とともにケチャップが家庭でも活躍。戦後には、ハンバーガーやホットドッグ、ピザトーストなど、「アメリカンスタイル」のメニューが広がり、パンやパスタにも活用されるようになりました。

日本初のケチャップの復刻

日本で初めてケチャップが製造されたのは、1896年の横浜だとされています。西洋野菜の栽培をしていた清水與助《よすけ》が、外国人スポーツクラブのシェフから教わったレシピを製品化し、販売を開始。当時の清水屋のラベルは、輸入されていた海外のケチャップラベルとともに、横浜開港資料館に保管されています。

その後、清水屋は廃業し、国内初のケチャップは姿を消します。ところが近年、その味が復刻され、話題を呼んでいます。

画像協力：横浜開港資料館

ソース

明治からの人気もの！揚げ物にはもちろんかくし味としても

日本でいうソースとはウスターソースのこと。中濃ソースや濃厚ソースなどもウスターソースの仲間です。甘くて辛く酸味もありと、さまざまな味がからみ合ったウスターソースは、揚げ物にはもちろん、かくし味としても使え、毎日の食事作りに重宝します。明治のころ、西洋料理の流行とともに日本で使われ始めて以来、変わらず愛され続けているのは、日本人向けの味を生み出そうと先人たちが試行錯誤を重ねた成果といえるでしょう。

名称 Sauce
原料 野菜、果物、香辛料、砂糖類、酢、塩

年間消費量
1人あたり：1.2ℓ（国産）

Data（大さじ1あたり）
重量：18g

●ウスター
塩分換算量：1.5g
エネルギー：22kcal

●濃厚
塩分換算量：1.0g
エネルギー：24kcal

効果

●スパイシーに
ソースには、たくさんのスパイスが含まれている。かくし味に加えても

保存法
開封したら冷蔵庫で保存する。揚げ物にかける際は、使う分を前もって皿に出しておくと料理を冷まさない。

中濃▶
関東地方で好まれる。ウスターと濃厚の中間となるソース。とろみ、辛さ、甘さのバランスがよく、マルチに使える。

お好み▶
お好み焼きの生地にのせやすいとろみと、たっぷり使えるようまろやかな味に仕上げられたソース。甘みも強い。

▶ウスター
元祖ソース。野菜や果物の繊維質を、ろ過しているのでサラサラしている。スパイシーで、しっかりした味は、かくし味に最適。

▶濃厚
とろみと甘さが特徴のソース。原料の野菜や果物の繊維が溶け込んでおり、フルーツソースとも呼ばれる。揚げ物におすすめ。

風味も色も濃淡さまざまな3種類が基本

ソースの違いは、その粘度にあります。元祖はウスターソースでしたが、好みや用途に合わせて、とろみがついたお好み焼きソースなどの濃厚ソースや、中濃ソースが生まれました。

ソースのとろみは多くの場合、原料の野菜や果物の繊維によるものです。ソースを熟成させる工程で溜まった澱《おり》には、原料の繊維やスパイスが含まれています。もともと、ウスターソースしかなかった時代には、副産物だった澱《おり》ですが、現在では濃厚ソースや辛口のソースに使われています。

メーカーによっては、ウスター、中濃、濃厚をすべて同じたるで仕込み、たるの上澄みをウスター、中心を中濃、底を濃厚……というようにボトリングしています。

地ソースマップ

全国を熱くする、地ソースとB級グルメ

ソースは「単独首位」不在の調味料。ソース製造会社は、全国に200近くあるともいわれます。特にソースの味が大きく関わる「粉もん」メニューの多い関西地方では、さまざまなメーカーが各地域の舌をがっちりとつかむ配合を工夫。地域の顔となる味を作っています。

ご当地で愛される、全国のB級グルメにも、ソースを使うものがたくさん。焼きそば、カツ丼、お好み焼き……とさまざまな姿で活躍しています。

〈青森県〉**黒石つゆやきそば**

約4万の人口に対し、焼きそばを売るお店が70軒以上ある黒石市。名物やきそばに、めんつゆ、ラーメンスープなど「つゆ」をかけたのが、つゆやきそば。仕上げの揚げ玉とねぎが特徴。

〈長野県〉**駒ヶ根ソースカツ丼**

カツをソースにくぐらせ、せん切りキャベツを敷いたご飯の上にのせたもの。カツ丼の元祖は、一般的な卵とじタイプではなく、このようなソースカツ丼とされる。

〈宮城県〉**石巻やきそば**

高温で2度蒸しして作られる、茶色の麺が特徴のやきそば。ほんのりと香ばしいこの麺を、だしで蒸し炒めにし、しょうゆで味つけする。ソースは食べる際に好みでかけるのがお決まり。

〈栃木県〉**ミツハフルーツソース**

低塩・低酸でバランスのとれた味。揚げ物、焼きうどん、佐野名物いもフライに。

メーカー：早川食品株式会社

〈東京都〉**生ソース中濃**

生野菜を加熱せず、酵素で分解しためずらしいソース。フレッシュな味わいが特徴。

メーカー：トキハソース株式会社

〈静岡県〉**富士宮やきそば**

富士宮市内産の麺を使用し、豚肉を熱して脂を抜いた「肉かす」とキャベツを具に、イワシのだし粉で仕上げる。シコシコの食感が特徴。

〈愛知県〉スーパー特選 **太陽ソース**

小さな工場で手作業で作られたウスターソース。まろやかな味が特徴的。

メーカー：太陽食品工業

〈長野県〉

伊那ローメン

写真は麺をスープで煮て、炒めたラム肉と野菜を加えた、スープ麺タイプ。しょうゆベース、ソース味のものなど店によってさまざま。

小麦粉とだしの生地のなかにぶつ切りのタコを入れて焼いたたこ焼きは、大阪が発祥。

〈大阪府〉

たこ焼き

〈岡山県〉

カキオコ

名産品であるカキが、たっぷりと入ったお好み焼き。略して「カキオコ」と呼ばれる。

〈大阪府〉大阪の味

たこ焼きソース

しょうゆベースの和風ソース。ひかえめな甘さと、ほどよい酸味が特徴。

メーカー：株式会社 大黒屋

〈兵庫県〉

どろソース

ソースの沈殿から作った辛口ソース。長期熟成させた本格ソースの成分が凝縮している。

メーカー：オリバーソース株式会社

〈兵庫県〉ばらソース

とんかつ甘口

甘酸っぱい酸味が特徴。地ソースとして地元のお好み焼き屋でも多く使用されている。

メーカー：ばら食品

〈広島県〉

お好みソース

野菜と果実のまろやかな甘さが特徴的な、甘めのソース。お好み焼き用ソースの元祖。

メーカー：オタフクソース株式会社

〈福岡県〉熟し柿

とんかつソース

福岡名産の柿をたっぷり使ったソース。揚げ物にもぴったりのやさしい味。

メーカー：コックソース株式会社

〈長崎県〉

金蝶ウスターソース

皿うどんにかけるソース。昭和の時代から、長崎の中華に欠かせない調味料。

メーカー：チョーコー醤油株式会社

〈愛知県〉デラックス

こいくちソース

ウスターソースながら、トロりとした口当たりで、名古屋人好みのうま味が濃い。

メーカー：コーミ株式会社

〈徳島県〉

フィッシュカツ

魚のすり身にカレー粉などの調味料を練り混ぜ、パン粉をまぶして揚げたもの。そのままで、もしくはソースをかけて食べる。徳島ではコンビニにもある定番品。

〈徳島県〉

有機濃厚ソース

有機野菜・果物をぜいたくに使用。メーカーは原料の安全性にこだわり続けている。

メーカー：光食品株式会社

〈鹿児島県〉

ウスターソース

しょうゆメーカーが生しょうゆから作った、風味豊かなソース。やや甘めの味。

メーカー：吉村醸造株式会社

ハンバーグの焼き汁を利用する本格派の味

ハンバーグワインソース

材料（作りやすい分量）

ハンバーグの焼き汁…4個分
赤ワイン…大さじ3
中濃ソース…大さじ2
トマトケチャップ…大さじ2
練りがらし…少々

作り方

ハンバーグの焼き汁にからし以外の調味料をすべて加えて混ぜ、煮立てる。火を止め、からしを加えて混ぜ合わせる。

香り豊かで、大人向きの味。フライのほか、肉のソテーにも

スパイスウスター

材料（作りやすい分量）

ウスターソース…1カップ
にんにくの薄切り…少々
ローリエ…少々
あらびき黒こしょう…少々
タイム…少々
パセリ…少々

作り方

すべての材料を合わせて煮立て、そのまま冷まして味をなじませる。

とんかつやハンバーグに。香ばしいごまの風味

ごまソース

材料（作りやすい分量）

白いりごま…1／4カップ
ウスターソース…1カップ
トマトケチャップ…大さじ3
砂糖…大さじ1

作り方

ごまはすり鉢でよくすり混ぜる。ボウルにごまと残りの材料を加え、なめらかになるまでよく混ぜる。

焼きそばのような、なつかしい味。カレーのスパイスで食欲アップ

カレーパスタソース

材料（作りやすい分量）

カレー粉…小さじ1
中濃ソース…大さじ3

作り方

ピーマン、玉ねぎなどお好みの野菜（分量外）を炒める。カレー粉を加えてさらに炒め、ソースを入れる。ゆでたパスタにからめて完成。

ソテーした牛肉や豚肉に。オムライスにかけても美味

デミグラス風ソース

材料（作りやすい分量）

バター…小さじ1／2
玉ねぎ…1／2個
中濃ソース…大さじ4
トマトケチャップ…大さじ4
赤ワイン…大さじ2

作り方

玉ねぎは薄切りにしてバターで炒める。そこへすべての材料を入れて混ぜ、中火で軽く煮立てる。

きのこや玉ねぎなど好みの野菜を炒め、冷やしていただく

炒めサラダソース

材料（作りやすい分量）

にんにく…1かけ（みじん切り）
油…小さじ2
白ワイン…1／4カップ

A
ウスターソース…大さじ4
エキストラバージン
　オリーブオイル…大さじ4
バルサミコ酢
　（ワインビネガーでも）…大さじ2
塩、こしょう…各少々

作り方

1 Aをボウルで混ぜ合わせる。
2 フライパンに油とにんにくを熱し、お好みの野菜やきのこ（分量外）を炒め、焼き色がついたら白ワインを加えアルコール分を飛ばす。1のボウルに入れ、粗熱がとれたら1時間ほど冷蔵庫に入れて冷やす。

焼いた鶏肉にぴったり。豆板醤でピリ辛味

コリアンチキンソース

材料（作りやすい分量）

お好み焼きのソース…大さじ3
豆板醤…小さじ1／2
すりごま…小さじ1

作り方

すべての材料を混ぜ合わせる。

ヨーグルトをプラスしてさわやかに。卵料理をおいしく彩る

オムレツのソース

材料（作りやすい分量）

とんかつソース…大さじ3
プレーンヨーグルト…大さじ1

作り方

とんかつソースとプレーンヨーグルトをよく混ぜ合わせる。

マグロやサバなどクセのある魚に合う

ソース煮のたれ

材料（作りやすい分量）

A
ウスターソース…40cc
日本酒…大さじ2
しょうが…20g
水…1／2カップ
とんかつソース…40cc

作り方

しょうがは薄切りにする。鍋にAの材料を入れ、煮立てて煮汁にする。とんかつソースは、最後に加える。煮汁で魚を煮て、仕上げにとんかつソースを加えてひと煮するとおいしい。

多種の食材の組み合わせの妙で豊かな味に

ウスターソースの作り方は、トマトや玉ねぎなどの野菜と、りんごやみかんなどの果物を細かくきざんで煮込み、香辛料や調味料を加えて熟成させれば完成、と意外とシンプルです。原料の種類はメーカーによってまちまちで、多種の材料をブレンドすることで豊かな味わいになります。

日本のウスターソースに対し、イギリスのリー＆ペリン社のウスターソースはアンチョビを加えるため、魚醤に似た独特の風味があります。使い方も異なり、日本産のものは揚げ物などに直接かけて使うことが多く、イギリス産のものはシチューやスープなどに少量加え、風味づけやかくし味として使われます。

作り方

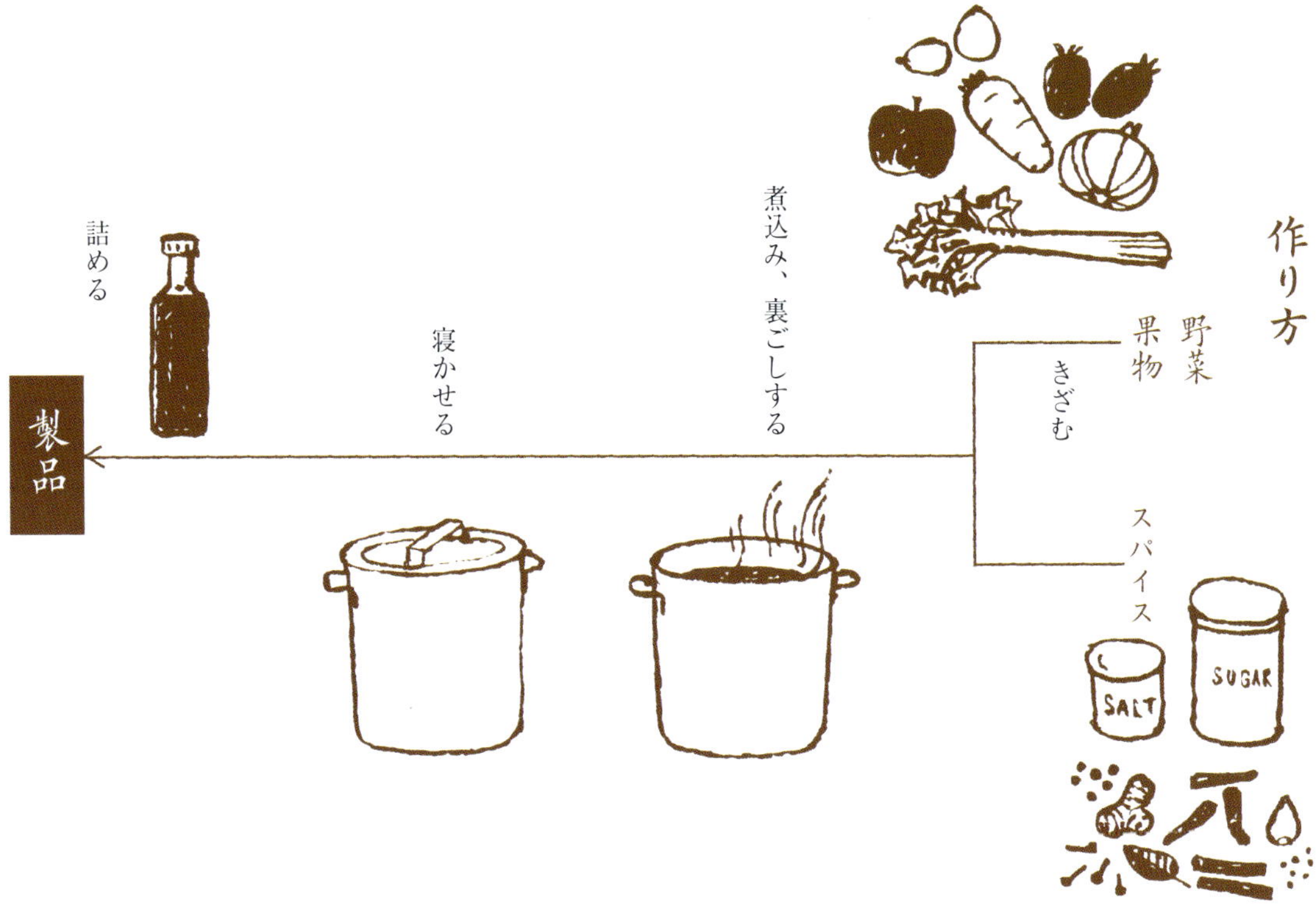

A1ソース

トロリとする中濃ソース程度の濃さ。トマトの鮮烈な風味と酢の酸味が際立ち、ハンバーガーにぴったり。

リー＆ペリンソース

ソースの元祖メーカーのもの。サラッとした液状で、刺激的な味と香りは、肉料理の味つけにおすすめ。

BBQ《バーベキュー》ソース

アメリカのバーベキューに欠かせないソース。トマトピューレーにマスタードやスパイスを加えて作られる。

歴史

イギリスのウスター市から日本に伝来

ソースの語源はラテン語で「塩」を意味するサル（Ｓａｌ）に由来し、ヨーロッパでは昔から、塩を使った液体調味料のことを総称してソースとしていたようです。

日本で「ソース」としておなじみのウスターソースの発祥地は、イギリスのウスター市。誕生のエピソードは諸説あります。

ウスター市に住む主婦が、野菜やフルーツの切れ端を、香辛料や、塩や酢と混ぜて保存したところ、熟成されておいしいソースになったという説。

19世紀半ば、インド・ベンガル州の総督だったマーカス・サンデー卿が、インドで魅了されたソースをウスター市に持ち帰り、薬剤師の2人に再現させたという説。

後者に関してはその2人の名を取って名づけられた「リー&ペリン社」というソース会社が現在も存在します。

のちに日本に伝わったウスターソースは、幕末から明治維新のころに東京、横浜、神戸などの洋食店で使われ始めましたが、酸味や香辛料の味が強すぎて定着せず。その後、ヤマサ醤油の7代目と8代目がしょうゆをベースにしたソース作りに着手しましたが、これもあまりなじまなかったようです。

明治27年以降、日本人の口に合うソースが次々に発売され、ソースブームに。大正時代になるとソースの製造業者が増加し、好みによって関東は適度なとろみの中濃、関西はスパイシーなウスターと甘口の濃厚、という地域差も生まれました。

ソース発祥の地とされる、ウスター市。

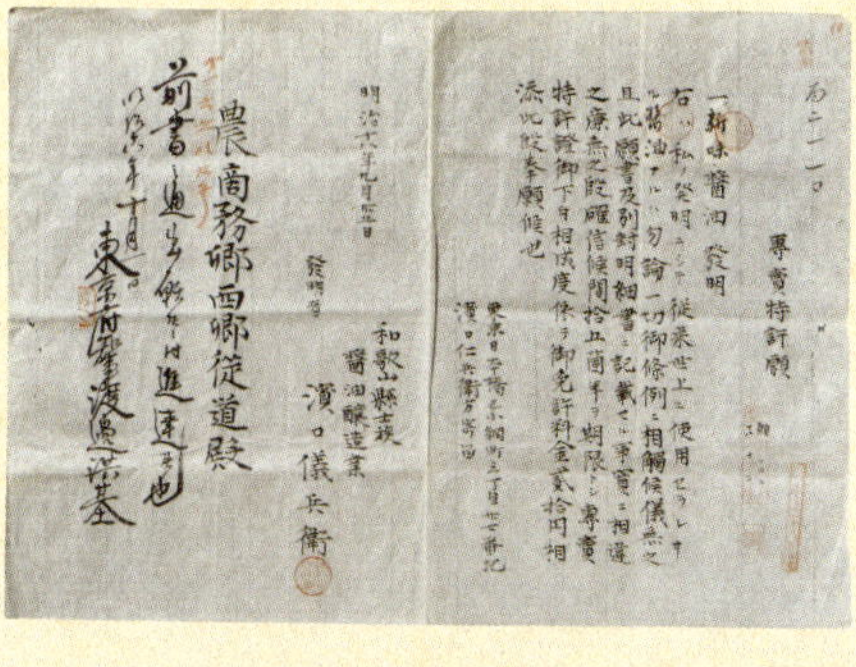

ヤマサ醤油が、日本初の国産ソースを発売した。写真は、「新味醤油」の専売特許願。

ソースはしょうゆだった？

初の国産ソースの名前は、ずばり「新味醤油」。海外のソースにヒントを得たヤマサ醤油が、しょうゆにスパイスを加えて発売、特許を得ました。

ソースはしょうゆに色が似ていたため、ケチャップよりも早く売り上げを伸ばします。しかしモデルとなった海外のソースは、かくし味として数滴加えるような利用を目的に作られていたため、風味が濃厚。しょうゆのように「かけて」「つけて」使える味になるまで、開発が繰り返されました。

調味料別しみぬき ②

油溶性の場合

ケチャップ
カレー
マスタード
チョコレート

応急処置

1 ティッシュなどで、シミを広げないように固形物をつまみ取る。水につけると落ちにくくなるので注意。

2 布の裏側に布を当て、上から石けんや洗剤を含ませた湿った布でシミのまわりからたたく。

3 シミが薄くなったら、水を含ませた布で、シミについた洗剤を落としておく。

家に帰ったら

クレンジングオイル
台所用洗剤
キッチンペーパー
歯ブラシ

1 シミの下にキッチンペーパーを敷き、クレンジングオイルをつける。

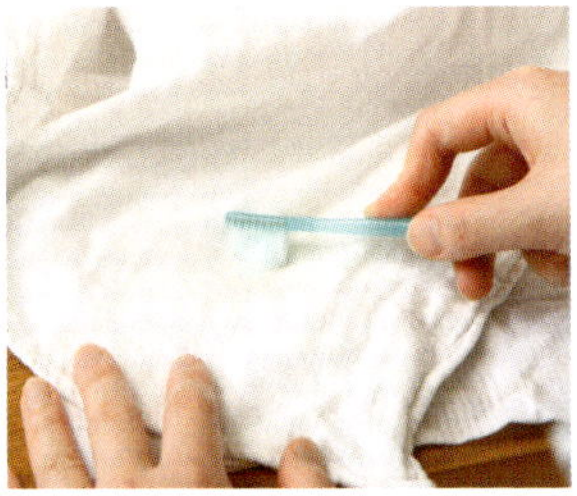

2 歯ブラシでたたくようにして、クレンジングオイルをなじませる。

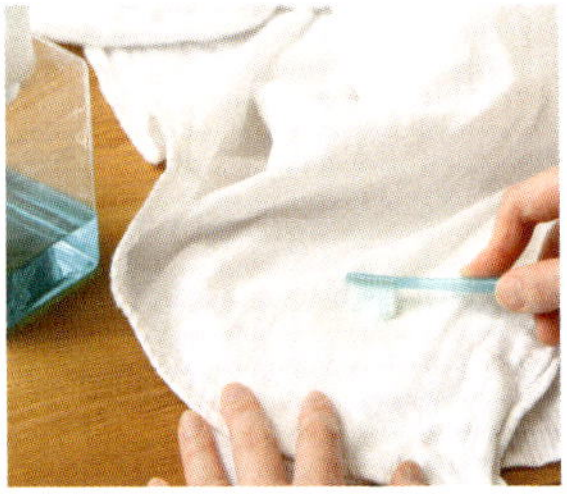

3 台所用洗剤をつける。歯ブラシでシミになじませ、クレンジングオイルの油分をしっかり落とす。

4 ぬるま湯で洗う。シミをもむようにして、白っぽい水が出なくなるまでしっかりすすぐ。

5 シミが落ちるまで1から4を繰り返す。それでも落ちない場合は、水性と同様の方法で漂白する。落ちたら衣類に合う方法で洗濯する。

出汁

鰹節・昆布・
煮干・干椎茸・うま味調味料

出汁

食材に秘められたうま味を抽出してまとわせる

天然の素材からうま味成分を抽出したスープが「だし」で、その味わいや香りは料理のベースとなる大切なものです。

日本はかつて、うま味成分を多く含む肉を食べる習慣がなかったため、乾燥させた魚や海藻、野菜などからうま味を引き出す方法が根づきました。

おもな素材としては、動物性のかつお節や煮干し、植物性の昆布や干ししいたけがあります。変わりだねでは、切り干し大根やかんぴょう、するめなども、だしとして使われます。

名称 Soup stocks

おもな原料

かつお節、昆布、煮干し、干ししいたけ

Data（100g あたり）

●かつお、昆布だし

塩分換算量：0.1g

エネルギー：2kcal

●煮干しだし

塩分換算量：0.1g

エネルギー：1kcal

効果

●うま味アップ

素材のうま味に合わせた「うま味」で、相乗効果

保存法

冷蔵庫での保存なら、季節やだしの種類により、２日～５日。おすすめは冷凍保存。

うま味表

さまざまな食材に含まれる、うま味。その成分は、アミノ酸系、核酸系、有機酸系の3つに大別できます。うま味には相乗効果があり、昆布などのもつアミノ酸系のグルタミン酸と、かつお節などのもつ核酸系の成分を組み合わせると、うま味が7〜8倍に感じられるという研究結果もあります。

イワシを煮るなら、かつおだし、鶏肉を煮るなら昆布だし……というように、食材とだしの系統で考えると、うま味アップを考えるうえで便利です。

グルタミン酸 〈アミノ酸系〉

日本料理: 昆布、イワシ
洋風料理: チーズ、トマト、玉ねぎ
中華料理: 干し貝柱

イノシン酸 〈核酸系〉

日本料理: かつお節、煮干し
洋風料理: 鶏肉、牛肉
中華料理: 鶏ガラ、豚肉

グアニル酸 〈核酸系〉

日本料理: 干ししいたけ
洋風料理: ポルチーニ
中華料理: 干ししいたけ

コハク酸 〈有機酸系〉

日本料理: 貝類
中華料理: 干し貝柱

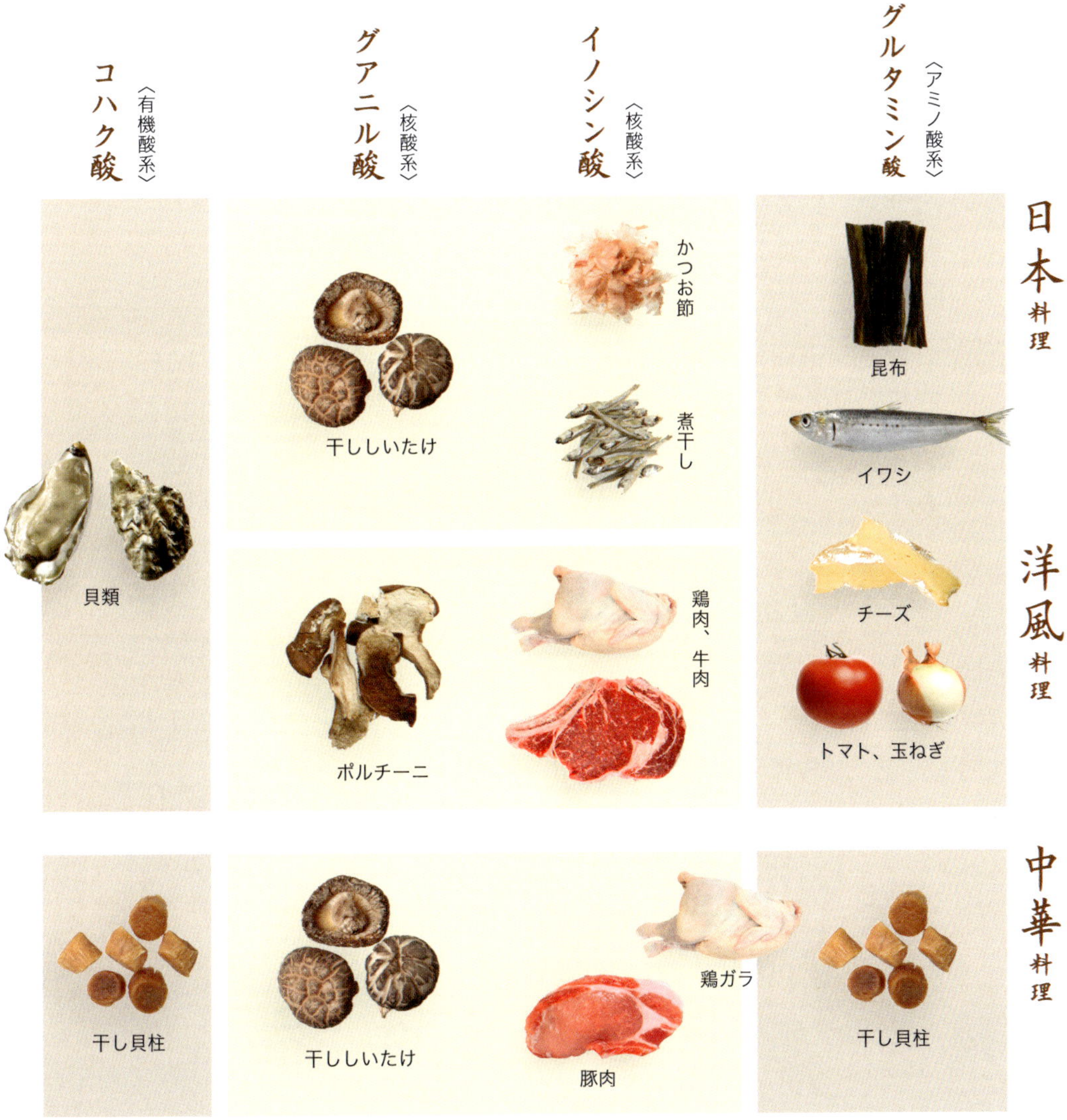

2 煮干しの水だし
1 精進だし

あっさり煮たい煮物におすすめ

1 精進だし

材料（だし1ℓ分）

干ししいたけ…3個
昆布…5㎝角1枚
大豆…30g
かんぴょう…10g
水…2ℓ

作り方

1 すべての材料を水につけ、1日おく。
2 鍋に1を入れて中火にかけ、水が半分になるまで煮詰める。

みそ汁のほか、野菜料理全般に

2 煮干しの水だし

材料（だし1ℓ分）

煮干し…50g
水…1ℓ

作り方

1 煮干しの頭とはらわたを取り除く。水に煮干しを入れ、冷蔵庫でひと晩おく。
2 ざるにふきんをのせ、煮干しをこす。

だしがらかつお節は乾煎《からい》りして粉に

だしがらのかつお節は、乾煎りして握りつぶし、粉にする。汁気を含みやすいので、しょうゆをからめると、お弁当に便利。

冷しゃぶのゆで湯に

肉をゆでるとき、ゆで湯にうま味調味料を加えておくと、湯に流出したうま味を補える。

多めにとったら冷凍

自家製だしは保存が利かないので、多めにとったら製氷皿で冷凍を。小さなキューブ状にしておくと使いやすい。

素材の味を活かす
あっさりだし

昆布だしのとり方

材料（作りやすい分量）
水…3カップ半
昆布…3.5〜21g（水の0.5％〜3％）

作り方
1 昆布の表面を乾いたふきんで軽くこすり、汚れだけを落とす。
2 鍋に分量の水と1を入れ、30分ほどおく。
3 鍋を中火にかけて熱し、昆布から大きな泡が出て浮き上がるようになったら昆布を取り出す。

しっかりしたうま味のある
和風だしの基本

一番だしのとり方

材料（作りやすい分量）
水…4カップ
かつお節…24g（水の3％）
昆布…8g（水の1％）

作り方
1 昆布だしをとる。沸騰したら一度火を止め、鍋に水を少々足して湯の温度を80〜90℃くらいにする。
2 かつお節を入れて再び火をつけ、弱中火で1分ほど煮出して火を止める。
3 かつお節が沈んだら、ふきんをのせたざるに上げてこす。
※だしがらはしぼると雑味が出るので、しぼらないこと。

身近な食材でとる
やさしい中華だし

手羽先でとるかんたん鶏だし

材料（作りやすい分量）
手羽先…6本
水…1ℓ
塩…小さじ2
ねぎの青い部分…10㎝

作り方
1 手羽先に塩をして10分おく。鍋に水とともに入れて火にかける。
2 ゆでこぼしたら火を止めて冷まし、ねぎを加えて再び弱火にかける。
3 煮立ったら5分ほどで火を止め、30分以上おいたらできあがり。

みつばや麩を加えて
ホッとする味わいに

お吸い物のつゆ

材料（作りやすい分量）

一番だし…4カップ
酒…大さじ1
塩…小さじ1／2
しょうゆ…小さじ1

作り方

鍋にすべての材料を入れて中火にかける。

ハマグリやタイなど
うま味の出る食材に

魚介のお吸い物のつゆ

材料（作りやすい分量）

A
昆布…10㎝
水…4カップ
酒…大さじ3

B
淡口しょうゆ…小さじ1／2
塩…小さじ1

作り方

鍋にAを入れて熱し、煮立たせる。昆布を取り出し、Bで調味する。

上品な味わいの
うどんのかけつゆ

うどんつゆ

材料（作りやすい分量）

一番だしや煮干しだし…3カップ
淡口しょうゆ…大さじ1と1／2
みりん…大さじ6
砂糖…大さじ1

作り方

鍋にすべての材料を入れて熱し、煮立たせる。

だしにかつお節の風味をプラス。
コクのあるつけつゆ

そばつゆ

材料（作りやすい分量）

A
一番だし…1カップ
しょうゆ…1／4カップ
みりん…1／4カップ
砂糖…小さじ2

かつお節…5g

作り方

1 鍋にAを入れて熱し、煮立ったらかつお節を入れて火を止め、5分ほどおく。
2 ざるに厚手のキッチンペーパーを敷き、1をこす。

コラム

そばの香りを活かすだし

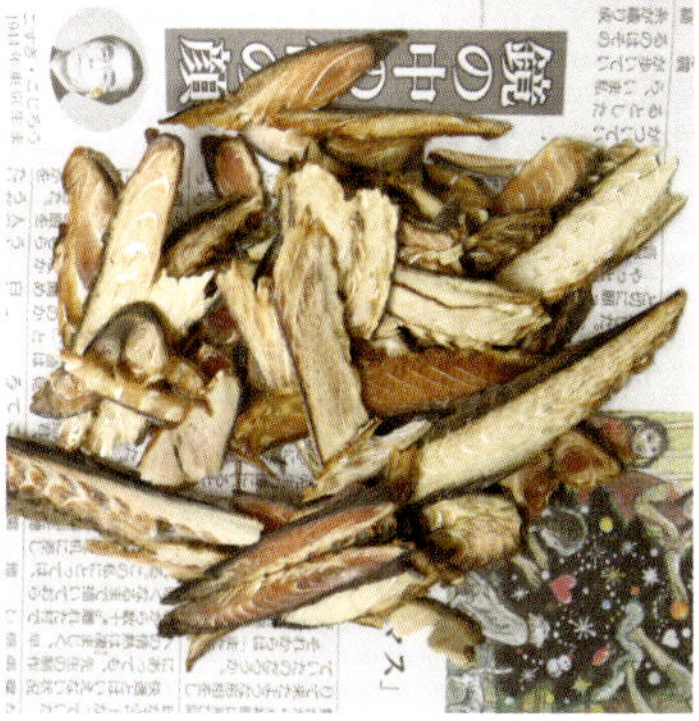

そば屋で使うだしは、使い分けがされています。

もりそばのつけ汁に使う「辛汁」、かけや丼物に使う「甘汁」。このふたつは、だしの材料からとり方まで別ものです。「辛口」は、そうだ節の荒削りをメインに、さば節を補助にしてだしをひきます。

「さば節だけでも、産地や特徴をみて4種類を組み合わせています。辛汁のだしは、香りを殺して味を出すんです」そう話すのは、日本橋の藪伊豆総本店、6代目主人の野川喜央さん。

明治初期に神田やぶそばの分店、「藪伊豆」となってから100年ほどたち、京橋から日本橋に移転しました。文明開化の江戸の街は、いまやオフィス街になり、お客さんの味覚もかつお節やしょうゆの味も変容しました。しかし100年たっても変わらないのは、そばを引き立てる汁の味。その日に石臼で挽かれるそば粉の香りを邪魔しないように「香りを抑えて、うま味の多いだしをとることが重要」なのだそうです。

そば屋の「だし」は、分厚く削った荒節を煮出してとります。これは、花がつおをたっぷり使った香りたつ「一番だし」とはずいぶん違うやり方。料亭の椀物の汁とそばの辛汁は似て非なるもので、じつはうどんとそばほども違うのです。

湯をしっかり煮立てた平鍋に材料を一気に入れ、強めの火にしてグツグツと煮ていきます。重要なのは火加減。弱いと酸味、強すぎると苦味がでます。削り節がよく湯のなかをまわり、きめ細かいアクが出てくるのが良い火加減です。鍋ぶたとささらを使って繰り返しアクをとり、湯のかさが7割ほどになるまで1時間。

さらしを重ねて、だしが熱いうちにこしてできあがり。これを「かえし」に加えて、辛汁ができあがるわけです。

かえしは、砂糖とみりんで甘みをつけたしょうゆですが、煮物に、丼物に、焼き物にと非常に使い勝手がいい。そのうえ、酸化しやすいしょうゆが、砂糖を加えることで保存性がよくなる利点もあります。

だしもかえしも、先人の知恵に教わりながら、主人手ずから日々ひくことで「藪伊豆総本店」の味となっているわけです。

野川喜央さん

藪伊豆総本店6代目。数伊豆は、江戸末期に京橋に店をかまえ「伊豆本」を源流にもつ。

かつおぶし

鰹節

名称　加豆乎
Katsuo bushi

原料　かつお

Data
（かつおだし 100g あたり）
塩分換算量：0.1g
エネルギー：2kcal

保存法
削り節は密閉して、冷凍保存するのがおすすめ。このとき、密閉袋の空気をしっかり抜くようにする。

和風だしの代表格。おいしそうな香りもごちそう

かつおは古くから人々に食されてきた食べ物で、『古事記』には神様のお供えものとして「堅魚《かつお》」と記されています。かつお節には、イノシン酸やグルタミン酸などいくつかのうま味成分が含まれていますが、とりわけイノシン酸の含有量が豊富。香り成分も90種類以上含まれており、調理中に漂うおいしそうな香りもごちそうのひとつです。

使うときはかつお節だけ、あるいは昆布とともに用い、薄く削ったものは上品なお吸い物や煮物に、厚めに削ったものはそばやうどんのだしに使われます。

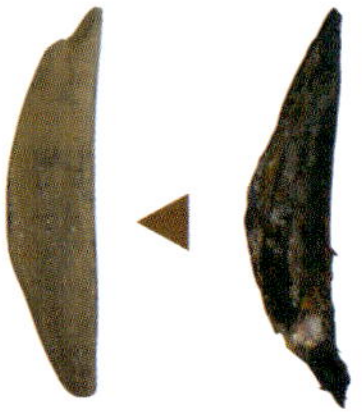

カビつけ後　カビつけ前

枯れ節

花がつお

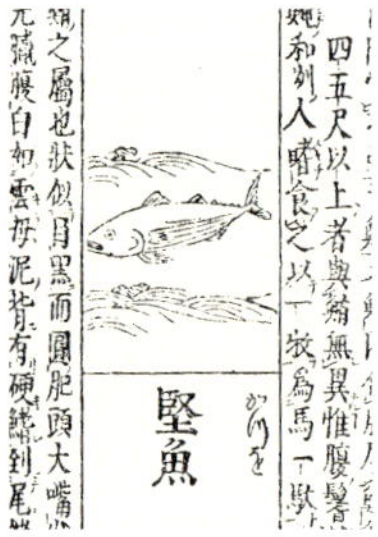

かつお節は発酵食品

かつお節は、日干しのほかにカビの力を借りて乾燥させています。利用されるのは、節のなかの水分を抜き風味を与える優良カビです。

削り方

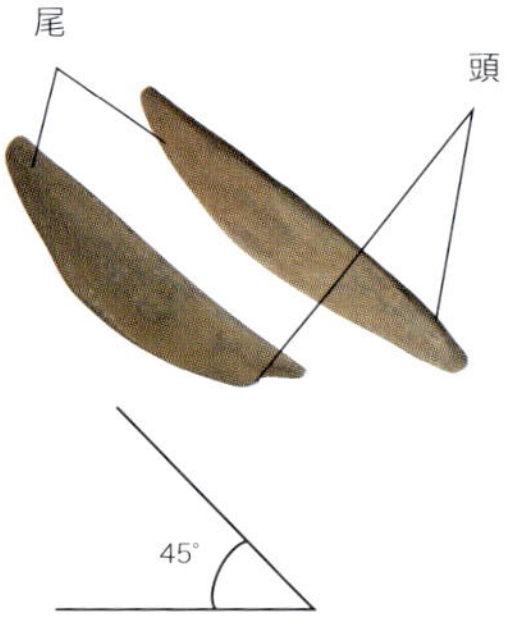

① 節の尾を上、頭を下にし、削り器に対して45度にする。

② 左手で削り器を押さえ、節が寝ないよう角度を守りながら削る。

③ 削り節の量は、水1ℓに対して30gが基本。だしがらはふりかけ（P139参照）に。

製造工程

カビつけで長期保存が可能に

脂ののったかつおの刺し身はおいしいものですが、かつお節には不向き。脂肪分の多いかつおを使うと、香りや味がいまひとつで、だしも濁ってしまうからです。逆に、脂肪分があまりに少なくても風味に欠けるため、脂肪分1～2％のものがベストとされています。

作り方は、まずかつおをおろして蒸し煮にし、楢《なら》やくぬぎでいぶして表面を削ります。そのままでは酸化しやすく有害菌が発生して長期保存できないのですが、その後、カビをつけることでそれが可能になります。

カビが有害菌の侵入をブロックし、脂肪分を分解して酸化を防ぎ、さらにうま味成分や香り成分もアップ。

２回以上カビつけしたかつお節を「本枯れ節」と呼び、カビつけの回数が多いほど高価です。

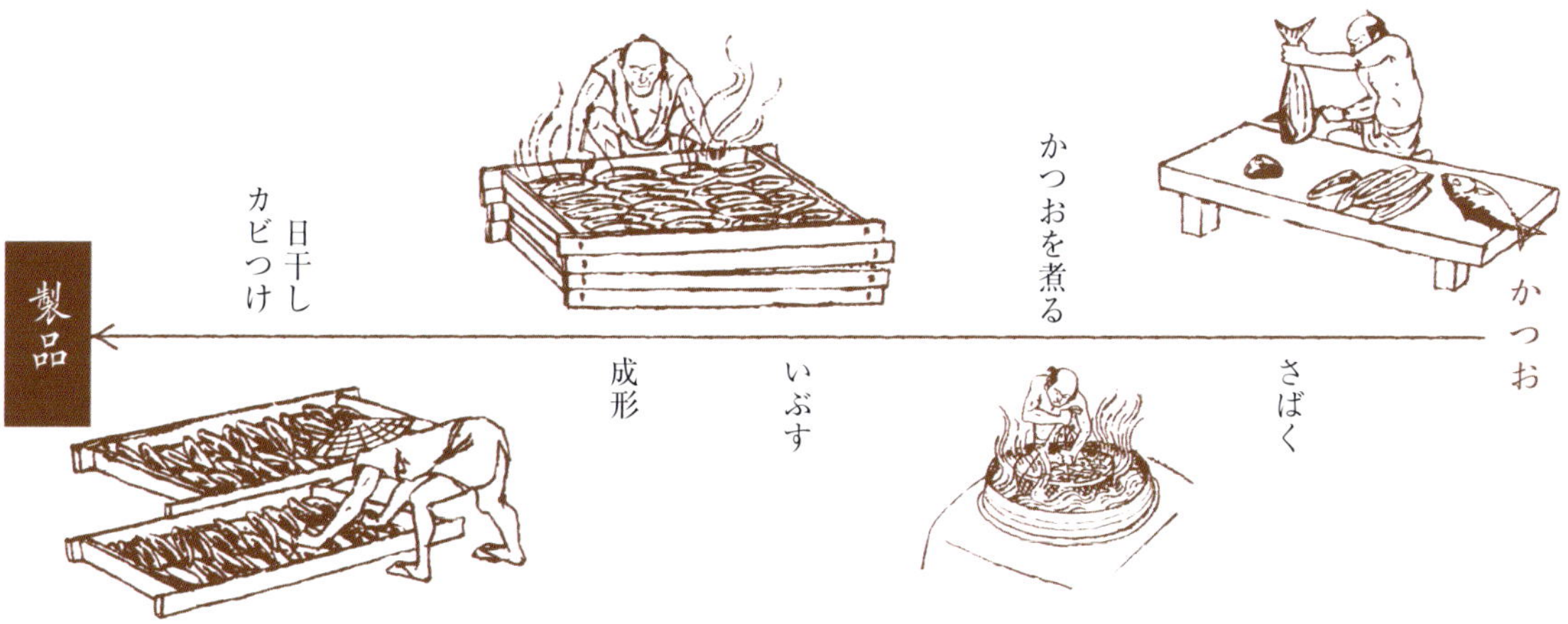

種類

かつお節（枯れ節）

かつおは、ほかの魚よりうま味成分が豊富。カビつけをした枯れ節は、香りがおだやかで、まろやかな味。

かつお節（荒節）

切り分けたかつおを煮て、いぶしただけの、カビつけ前のものが荒節と呼ばれる。いぶした香りが強い。

そうだ節（枯れ節）

マルソウダガツオから作られる。枯れ節は、濃厚なだしがとれるため、そばつゆに最適。関東で珍重される。

さば節（枯れ節）

さばから作られる。枯れ節は、しっかりした味ながら香りにはクセがない。

こんぶ

昆布

名称 比呂米
Kombu

原料 昆布

Data
（昆布だし100gあたり）
塩分換算量：0.2g
エネルギー：4kcal

保存法
湿度の低い冷暗所で保存を。湿気を吸ってしまった場合は、軽く天日干しするとよい。

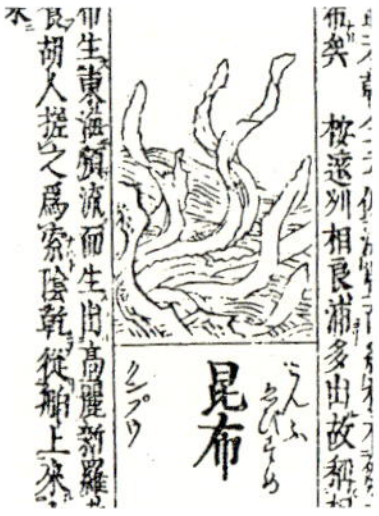

「うま味」が発見された最初の食べ物

昆布はだしがとれるうえ、食べることもできる無駄のない食材。上品で奥行きのあるうま味の正体は、十数種類含まれるアミノ酸です。その筆頭であるグルタミン酸は、食品に「うま味」の存在を発見するきっかけになった成分で、かつお節のイノシン酸や干ししいたけのグアニル酸と組み合わせると、相乗効果でおいしさを大きくアップさせられます。

イノシン酸は魚や肉に、グアニル酸は干ししいたけに多く含まれるので、これらを調理するときは昆布だしだけでもおいしく仕上がります。

真昆布

糸昆布

昆布を細くきざんだ製品。炒め物や煮物に加えると、うま味がでる。

昆布茶

昆布を粉末状にし、調味したもの。インスタントだしとして使える。

自家製昆布茶

フードプロセッサーでだし用昆布を粉にする。昆布茶よりも風味が強いので、少量ずつ使って。

製造工程

手間ひまかけて昆布を乾燥させる

まず、よく育った昆布を海底から獲って洗い、小石を敷き詰めた干場に表を上にして広げ、天日に干してザッと水分を除きます。そして乾燥室に取り込み、半日ほど乾燥させ、再び干場に並べて天日に干します。

その後、屋内に取り込み、全体を平らに伸ばしてから長さを揃えます。揃え方にはいくつかあり、90cmの長さに折る「元揃」、75〜105cmに切る「長切」、20〜60cmに切る「棒」などがあります。

昆布は肉厚で幅が広く、1枚の重量が重いものが高級品とされ、一等から四等まで、または加工用に分類されます。一等＝緑、二等＝赤、三等＝紫と、色分けされた帯で束ねて製品になり、出荷されるのです。

種類

羅臼《らうす》昆布

うま味が強いので濃い味つけの料理にも

濃厚な風味で、甘みのあるだしがとれる。だしは、やや黄色みを帯びる。高級料理にも利用される。

利尻昆布

昔から京料理に利用される。だしにも煮物にも向く

ほんのりとした塩味の、良質なだしがとれる。しっかりした肉質で、だしがらもおいしい。

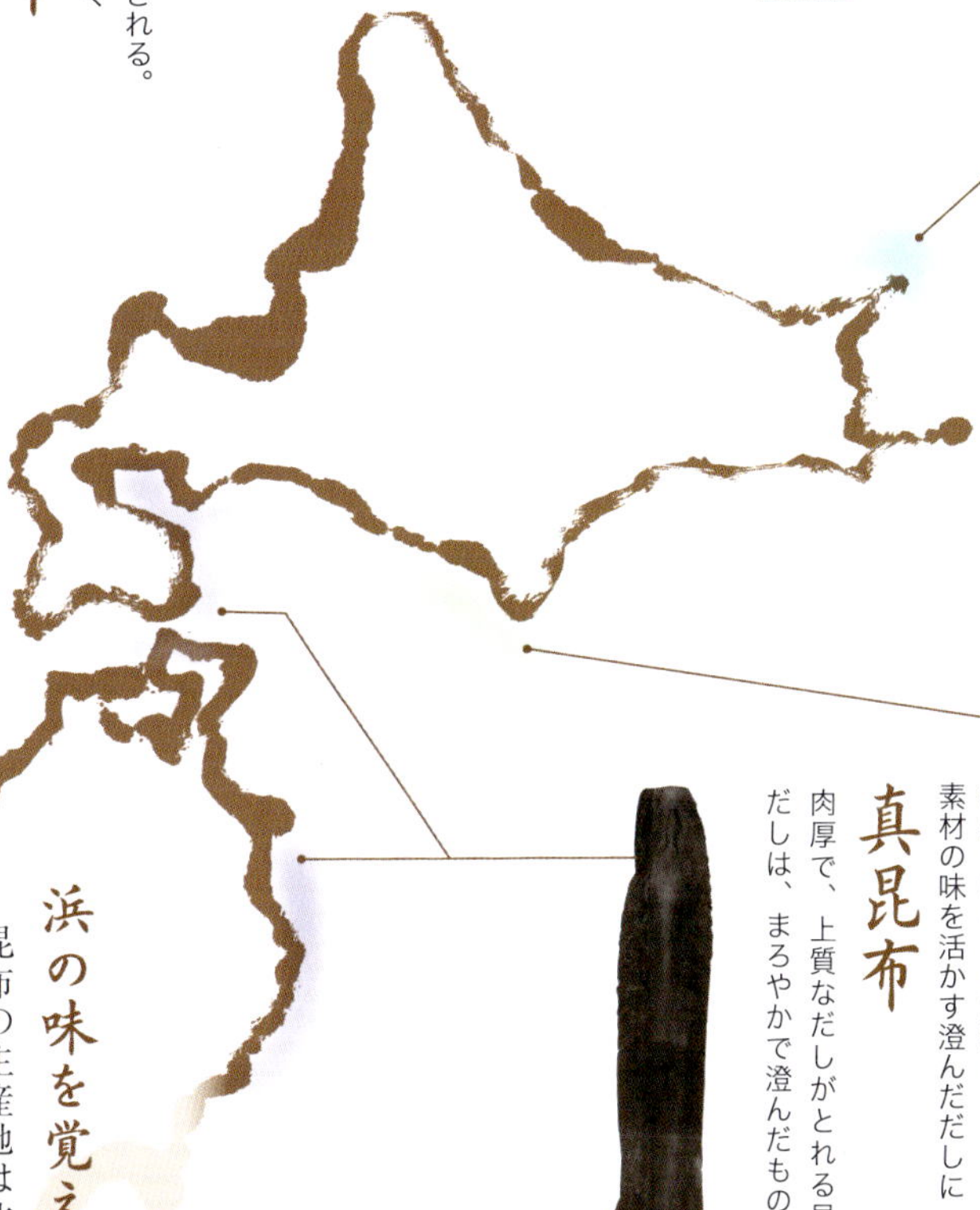

日高昆布

おでんの具材や家庭でのだしに。煮えやすく、使いやすい

煮えやすく、昆布を食べる料理にぴったり。だしはやや薄いが親しみやすい味。

真昆布

繊細な味わいの料理に。素材の味を活かす澄んだだしに

肉厚で、上質なだしがとれる昆布の王様。だしは、まろやかで澄んだものがとれる。

浜の味を覚えよう

昆布の主産地は北海道で、国内消費の95％が北海道産です。浜により形、厚み、香りが異なり、そのだしもそれぞれに個性があります。個性を知り、料理に合わせて使い分けてみては。

煮干《にぼし》

みそ汁に最適！明治から愛される煮干しだし

煮干しとは、カタクチイワシなどの魚介類を加熱してから乾燥させたもの。ルーツは、古くから保存食用に作られていた魚の干物で、奈良時代には調味料の代わりに使われていました。

平安時代に登場した、干し魚を煮出した「煎汁《いろり》」には、かつおだけでなく、イワシも原料として使われたようです。明治時代には、瀬戸内海沿岸や関東地方を中心に、みそ汁やうどんの汁に煮干しが愛用されるようになりました。

煮干しのだしは、みそやしょうゆの成分と好相性。野菜など植物性食材の料理に向きます。

名称 Niboshi

原料 イワシ

Data
(煮干しだし100gあたり)
塩分換算量：0.1g
エネルギー：1kcal

保存法
風味が変化しやすいので、密閉袋に入れて冷凍保存がおすすめ。

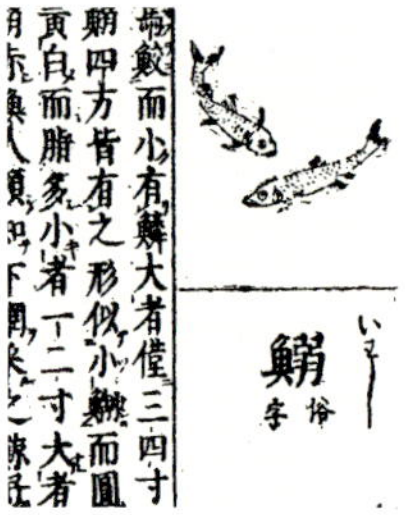

種類

白口煮干し

片口煮干しのうち、内海で獲れるカタクチイワシで作られた、身のやわらかい煮干し。甘味のあるだしがとれる。

青口煮干し

片口煮干しのうち、外海で獲れるカタクチイワシで作られた、脂肪の少ない煮干し。クセのない、濃いだしがとれる。

片口煮干し

活用

だしがら煮干しのオイルサーディン

だしをとった煮干しは、そのままでも食べられるが、オイルサーディン風にすると、食べやすくなる。塩、こしょう、オレガノ、唐辛子を合わせたオリーブオイルに漬け込んで。

だしがら煮干しの利用法

だしがらをそのまま食べるなら、大根おろしで和えるとおいしい。パンにのせ、チーズをかけてチーズトーストにしても。

干椎茸《ほししいたけ》

名称 Shiitake

原料 しいたけ

Data
（しいたけだし 100g あたり）
塩分換算量：0g
エネルギー：4kcal

保存法
密閉袋に入れて、冷暗所か冷蔵庫で保存。湿気と日光が大敵。

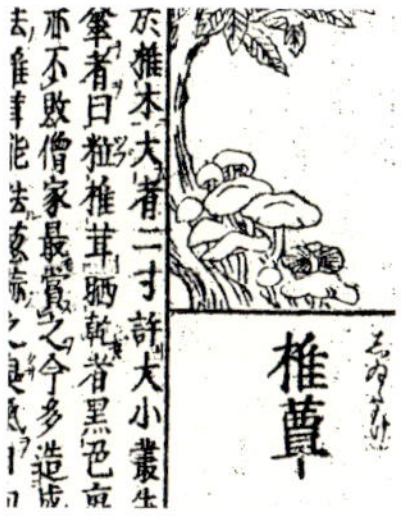

ビタミンDが生しいたけの8倍にもなる

縄文時代の遺跡から、しいたけが発生する椎が見つかったことから、しいたけはその時代から日本にあったと推測されています。生のしいたけを干すことで保存性を高め、香りとうま味を増す知恵は、中国から伝来したと推測されます。鎌倉時代初期には高品質な日本産の干ししいたけが中国へ輸出されていました。

干ししいたけには、カルシウムの吸収を高めるビタミンDが生の約8倍も含まれるうえ、食物繊維のほか薬効や生理機能をもつ成分も豊富。うま味成分のグアニル酸は、昆布のグルタミン酸と合わせるとおいしさが増大します。

種類

どんこ

どんこと香信《こうしん》

カサが5～6分開きで、肉厚なのがどんこ。カサが八分以上開いた肉薄のものが香信。うま味や香りに差はない。

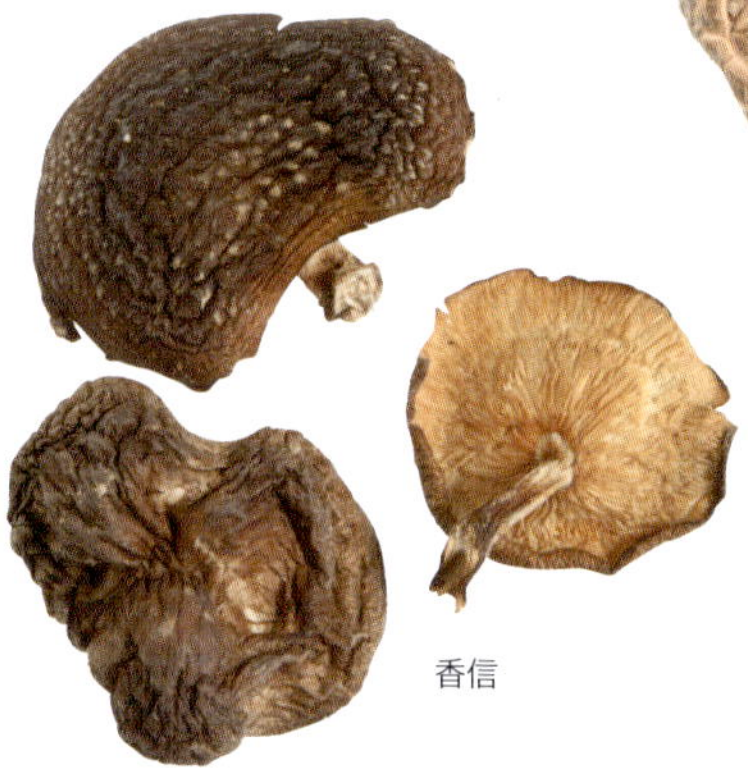
香信

原木栽培

おもなしいたけの栽培法は菌床と原木の2種類だが、干ししいたけに向くのは、ゆっくり育つ原木栽培とされる。

活用

しいたけの軸はしょうゆ漬けに

残ったしいたけの軸は、しょうゆに漬けておくとだししょうゆができる。甘味のある親子丼や、煮物などに。

買ってきたら天日干し

「天日干し」の記載がないのは、機械乾燥しているもの。袋から出し、天日に1時間ほど干すと栄養価や風味がアップする。

うま味調味料《うまみちょうみりょう》

名称 umami seasoning

おもな原料
サトウキビ

年間消費量
1人あたり：1.0 kg

保存法
常温で保存可能。湿気が入らないようにしっかりと袋を閉じて保存する。

基本味のひとつ「うま味」が便利な調味料に

人間の舌が感じとれる味を、生理学では基本味と呼んでいます。甘味、酸味、塩味、苦味という4つの基本味に次いで、5番目に仲間入りしたのがうま味です。

代表的なうま味成分は、昆布やかつお節、干ししいたけなどに含まれるグルタミン酸、イノシン酸、グアニル酸。「うま味調味料」は、これらの成分を発酵法などで製造したもの。その名のとおり手軽にうま味を増し、素材そのものの味を引き立てる効果もあります。

種類

うま味調味料と風味調味料の差

スーパーなどのだしの素コーナーにある「風味調味料」は、うま味調味料にかつお節や昆布、貝柱や干ししいたけなどのエキスを加えて粉末状にしたものです。

そのほか、味を調えるための塩分や糖分、風味やコクを補うための「酵母エキス」などで調整し、手軽に「だし」の味を再現できる工夫が施されています。

うま味調味料に比べ高温多湿に弱いので、冷暗所で保存しましょう。

製法

糖蜜やでんぷんを微生物の力でグルタミン酸に

うま味調味料は、発酵法などで作られます。発酵法とは、しょうゆやみそ、酒などを醸造する際の原理と同じで、微生物の力を借りて人間に有益なものに作り変えることです。

まず、サトウキビの糖蜜やとうもろこしのでんぷんなどの原料に、グルタミン酸生産菌を加えて発酵液を作ります。糖は発酵液のなかでグルタミン酸に作り変えられます。そして、発酵液中に溜まったグルタミン酸を沈殿させて取り出し、結晶にして乾燥させればできあがり。

イノシン酸やグアニル酸も同様に、でんぷんを利用した発酵法や、酵素を利用した方法で作られます。

調味料としてのだし

日本を代表するだしの素材、かつおと昆布はともに古くからお供え物や交易品として使われていたようです。

701年に施行された「大宝律令」には、生のかつおを煮て干した「煮堅魚《にかたうお》」や、その煮汁を煮詰めた「堅魚煎汁《かたうおのいろり》」が朝廷への献上品として記録されています。この液体がかつおだしのルーツで、しょうゆが出始める室町時代以前からの古い調味料だったと考えられています。現在のような堅いかつお節を作るようになったのは、江戸時代の初期です。紀州の漁師が、かつおを煮てから楢《なら》や樫《かし》でいぶす「燻乾法《くんかんほう》」を発案。それが土佐に伝わって伊豆、常陸《ひたち》、三陸方面へと伝播し、表面にカビをつけてさらに水分を抜く技法も誕生しました。江戸時代の料理本には、かつお節でのだしのとり方や使い方も記されています。

昆布の主産地である北海道では、古くから交易品として生産され、鎌倉時代には京都に運ばれていました。江戸時代になると、日本海沿岸に「北前船」が整備されて海路が発達。中国や琉球へも昆布が大量に流通しますが、陸揚げの地だった大阪を中心に関西で昆布産業が栄えます。

干した昆布がだしとして使われるようになったのは、菜食の精進料理を中心とする上方《かみがた》の寺院が発祥とされ、それが庶民にも広く浸透。かつおだしと昆布だしを合わせる方法も上方を中心に知られるようになりました。

日本人化学者が発明！世界初のうま味調味料

世界で初めて昆布だしからグルタミン酸を発見し、「うま味」と名づけたのは、日本人化学者の池田菊苗博士です。

20世紀のはじめ、物理化学を研究していた東京帝国大学の池田博士は、留学先のドイツで、専門外だった食品の味にも興味を持ち始めます。当時は、甘味、酸味、塩味、苦味の4つが基本味とされていましたが、池田博士はそのほかに肉や野菜、チーズに通じる、第五の味の存在があるのではと予測。帰国後、その味を昆布だしに見出した博士は、1907年、味の正体がグルタミン酸というアミノ酸の一種であることを発見し、この味を「うま味」と名づけました。

この発見を調味料に応用し、日本人の体格向上に役立てようと考えた池田博士は、翌年「うま味調味料」の製造方法を発明します。当初は12kgの昆布から30gのグルタミン酸ナトリウムしか抽出できず、商品化は現実的ではありませんでした。しかし研究を進め、昆布の代わりに小麦粉のたんぱく質（グルテン）を使って大量のグルタミン酸を取り出すことに成功したのです。

1950年代には、低コストで副産物が少なく、収率が良い「発酵法」と呼ばれる製造方法が開発され、大量のうま味調味料を安定供給できるようになりました。この製法は現在まで世界各国で受け継がれています。

昆布からグルタミン酸を抽出した、池田博士。

調味料の年表 1

紀元前 / 五世紀 / 十世紀 / 十五世紀 / 二十世紀

しょうゆ

- 386　中国最古の農業書に大豆を使った醤（ひしお）の造り方が記される。
- 701　「大宝律令」で、さまざまな醤を扱う役所「醤院」が定められる。
- 1254　中国から伝わった径山寺みそから分離した液体が「たまりしょうゆ」の始まりとされる。

径山寺みそ

- 1597　日常用語辞典『易林本節用集』に「しょうゆ」の言葉が記される。
- 1640　関東濃口しょうゆの生産が始まる。
- 1918　第一次世界大戦後の好景気により、しょうゆが大量生産され、家庭に広まる。
- 1963　しょうゆの日本農林規格（JAS）が制定される。

みそ

- 「大宝律令」に、醤、鼓（くき）と異なる「未醤（みしょう）」という発酵食品が記される。
- 927　「延喜式」に、官僚には米とみそが月給として支給されていたと記される。
- 禅宗の寺で、中国から伝わったすり鉢を使ってみそ汁が作られる。

みそ汁誕生

- 江戸の町でもみそ汁が流行。

酢

- B.C.1000　周時代の中国の書物に酢造りを担当する役人「果作醋」が記される。
- 日本への伝来は、4～5世紀。米作、酒と酢の製造法が伝来した。
- 平安時代、貴族の食卓で、卓上調味料として使われる。
- 生魚をご飯に漬け込む「寿司」の原形から、ご飯に酢を混ぜる「寿司」が発生。流行とともに、酢も活躍。

寿司の原形

にぎり寿司

酒、みりん

- B.C.5000　メソポタミアでナツメヤシや干しぶどうを利用した酒が造られていた。

- 712　『古事記』『日本書紀』など、各地で酒が造られていたことが記される。
- 927　「延喜式」に、米、麹、水で酒を仕込む製造法が記される。
- 室町時代には、現在の清酒造りの原形がほぼ整う。
- 水運に恵まれた伏見、名水の灘など有名な酒蔵が登場。

伏見の酒蔵

- うなぎ、そばといった江戸で流行した料理にみりんが使われる。

そばの流行

- 調理に使うみりんが減税され、一般にも普及する。

塩

- 海水を土器で煮詰め、製塩していた。
- 海水つきの藻を焼き、その灰塩を食塩にしていた様子が、『万葉集』に記される。
- 灰塩や砂浜の塩を水に溶かし、塩水を土器で煮詰める方法へ移行。
- 浜の海水が浸透しないよう、粘土で地盤を造った「揚浜式塩田」が生まれる。

揚浜式塩田

- 潮の満ち引きを利用して海水を塩浜に入れる「入浜式塩田」が普及、発達する。

入浜式塩田

- 1905　日露戦争の戦費調達のため、塩専売制度が開始される。
- 1997　塩専売制度が廃止。塩の自由市場が開始。

砂糖

- はちみつなどを利用。

古くは薬かお供え物に

- 825　中国から砂糖や糖菓子が伝来。薬として記録に記される。
- 遣唐使が廃止されたあとも、中国から輸入を続ける。
- 1543　南蛮貿易が開始され、コンペイトウやカステラなどの南蛮菓子が伝来。
- 琉球で製糖に成功。幕府により国内での製糖が奨励される
- 大工場による、近代「精糖」工業の確立。

原料の多くは海外からの輸入

香辛料

唐辛子・柚子胡椒・
山葵・山椒・
胡椒・咖哩粉

香辛料《こうしんりょう》

ひとふりで料理の味わいをランクアップ

ほんの少し使うだけで、料理の味をグンと引き立たせてくれる香辛料。その働きを大きく分けると、香りをつける、辛味をつける、色をつける、の3つに分類できます。日本で古来使われてきた香辛料は、しそやしょうが、さんしょう、わさびなどがおなじみです。

現在では、アジアやアフリカ、中南米など世界中の香辛料がかんたんに手に入れられるようになり、さまざまな香辛料を気軽に利用できるようになりました。

効果

●肉や魚のにおい消し
肉や魚の臭みを消すのに、高い効果を発揮

●食欲アップ
辛さと風味で食欲を刺激。胃液の分泌を促し、消化を助ける

●リラックス
スパイスの香りには、リラックス効果があるものも

保存法

基本的に、湿度の低い冷暗所で保存。風味が飛びやすいので、しっかり密閉できる容器を選んで。

ペースト▼

生のスパイスを使いやすく加工したもの。わさびやからし、ゆずこしょう、ラー油など。ほかの調味料とも混ぜやすい。

▲フレッシュ

植物本来の新鮮な香りや色、形が楽しめる。きざんだり、おろしたりと、用途に合わせて形を変えられるのも魅力。

ドライ▶

気軽に使えて保存性も高い。おなじみのカレー粉のように数種をミックスしたものも多様で、料理に複雑な風味をつけられる。

ドライからペーストまで

味が辛い、苦い、香りが甘い、さわやか……スパイスから感じられる要素はじつに多彩です。香りや辛みの強い植物を加工して作られ、古くから香油やお香への利用もさかんでした。

料理に使うスパイスは、形状によって大きく3つに分類できます。

まず、にんにくやしょうが、しそのようにフレッシュな状態で使うもの。次に、こしょうやシナモンなど、乾燥させたドライタイプ。最後は、からしやわさびなど、チューブ容器に入れられることが多い、ペーストや液体のタイプです。

いずれのタイプが使いやすいのか、料理やライフスタイルに合わせて選んでいきましょう。

唐辛子《とうがらし》

名称 番椒
Red pepper ground

原料 唐辛子

Data（小さじ1あたり）
重量：2g
塩分換算量：0g
エネルギー：8kcal

保存法
生の場合は、ラップして冷凍保存がおすすめ。乾燥品、粉状のものは湿気が入らないように密閉して、常温保存する。

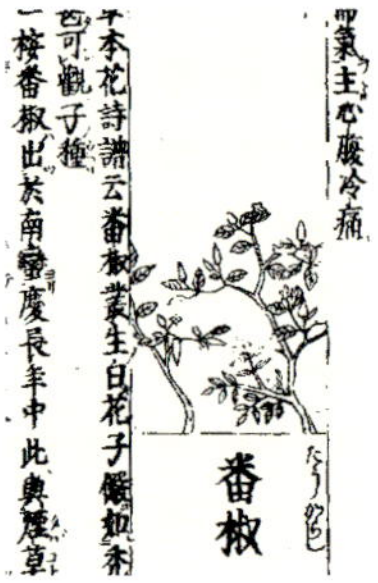

日本に伝わった時期と経緯については諸説あるが、16世紀の文献にはすでに記述がある。

世界各地で愛される強烈な辛さ。加工品にも注目

舌を刺激する強烈な辛味が特徴の唐辛子。原産は中南米ですが、現在では世界中で栽培されています。果実を乾燥させてそのまま使うほか、粉砕して薬味やソースの原料にするのが一般的です。

唐辛子を使った加工品は世界中にあります。有名なのは、酢と合わせたアメリカのタバスコソース、発酵させたそら豆に唐辛子を加えた中国の豆板醤《トウバンジャン》、米麹などの穀物と合わせて甘辛く仕上げた韓国のコチュジャンなど。

日本では、唐辛子を含む7種の香辛料を合わせた七味唐辛子が代表的です。

七味

生の唐辛子と焼いた唐辛子を粉にして混ぜ、6種類のスパイスや雑穀をブレンドしたもの。

粉（一味）

乾燥させた唐辛子を粉砕した製品。日本の一味唐辛子のほか、パウダー状、あらびきなどさまざまな種類がある。

カット加工品

用途に合わせてカットしてある製品。輪切り、糸切りなどがある。

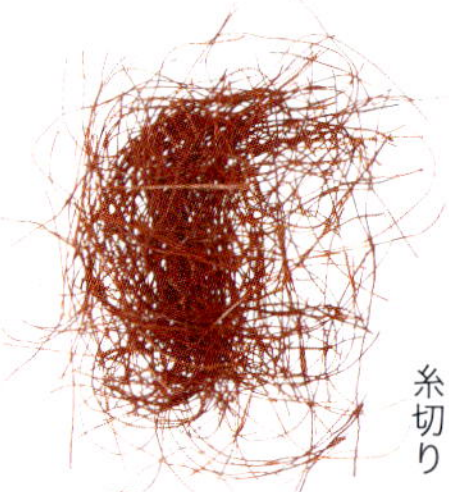

糸切り

輪切り

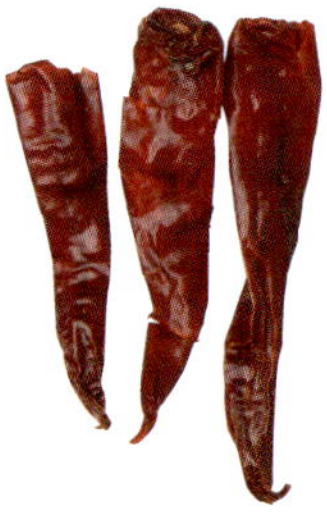

カシミリ・チリ

インドのカシミール地方の唐辛子。意外にもおだやかな辛みで、加熱すると甘く香ばしい香りになる。カレーにおすすめ。

朝天干辛椒《チョウテンガンシンジャオ》

すっきりした辛さと華やかな香りが特徴の、中国の唐辛子。自家製ラー油におすすめ。

レシピ

身近なスパイスや雑穀を7種類混ぜ合わせて

手作り七味唐辛子

材料（作りやすい分量）

みかんの皮…1個分
粉唐辛子…大さじ1
黒いりごま…大さじ1
白いりごま…大さじ1
粉ざんしょう…大さじ1
ケシの実…大さじ1
青のり…小さじ1

作り方

1 みかんの皮は、よく洗い、1週間ほど天日干しするか電子レンジで3分ほど加熱する。
2 1を細かくくだいてミキサーにかけ、粉状にする。
3 すべての材料を混ぜ合わせ、密閉容器に入れる。

植物の虫除けスプレーに

唐辛子10～20本を焼酎1カップに漬け込んで、ナチュラルな植物の虫除けに。水500ccに液を20cc入れて散布する。

きざんで炒めて辛さアップ！

唐辛子の辛み成分は、空気に触れると辛みを発揮する。同じ1本でも、辛い物が好きなら、きざんで加えると辛さがアップ！

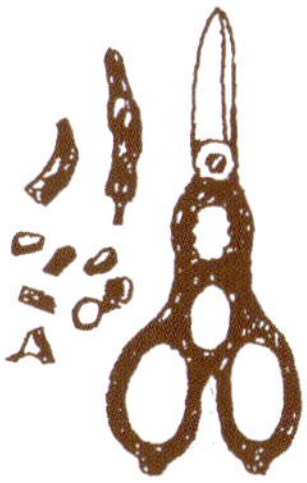

魔除けにも

中国では魔除けのモチーフにされる。日本でも、「魔除けなんばん」という、唐辛子をわらで編んだ工芸品がある。

真冬の純白に紅の花を咲かせる味

新潟県に伝わる唐辛子、ゆず、麹、塩から作られるのが、「かんずり」という調味料。雪にさらした唐辛子は、辛みがおだやかで上品な味に。

中南米から世界中へ旅するスパイス

現在では世界中で愛されており、その種類は3000にものぼる。

原産地である中南米では数千年前から食べられていた唐辛子。ヨーロッパへは、コロンブスによって１４９３年に初めてもたらされ、17世紀の半ばころには世界中で広く栽培されるようになりました。

刺激の強さからヨーロッパではあまり受け入れられませんでしたが、周辺のアフリカ、アラブ、アジアといった亜熱帯・熱帯地域では大人気となって定着しました。

これは唐辛子の辛味成分カプサイシンが、発汗促進、食欲を刺激、爽快感を与えるといった、現地に住む人々が快適に過ごすための役割を果たしているためでしょう。

ゆずこしょう

柚子胡椒

名称 Yuzukoshō
原料 青唐辛子、ゆず、塩

保存法
開封後は冷凍保存がおすすめ。冷凍庫でも固まらず、そのまま使え、風味も長持ちする。

さわやかな香りとピリッとする辛みが魅力的

うどんや焼き鳥の薬味として、すっかり全国区になったゆずこしょう。もとは九州名産の薬味として、刺し身や湯豆腐などに使われていました。製品として生産されるようになったのは、この半世紀ほどです。

その製法は、じつにシンプル。ゆずの表皮を細かくきざみ、青唐辛子と塩をすり合わせて作ります。豊かな風味とこなれた辛みがグッドバランスで、和食以外にも幅広くアレンジできます。

国内のレストランばかりでなく、フランスなどでも注目され、感度の高いシェフがメニューに取り入れています。

ゆずこしょう

活用

大根おろしに加えて

大根おろしに加えると、ピリッとしておいしい。

クリームシチューにちょっぴり

意外かもしれないが、乳製品との相性がバツグン。クリームシチューに少し加えると、グッと味が締まる。

手作りゆずこしょう

意外とかんたん。いろいろな料理に活躍

材料（作りやすい分量）
青唐辛子…200g
青ゆず…6個
塩…30g

作り方
1 唐辛子のヘタを取り、小口切りにする。青ゆずは、表面の緑色の部分をむく。
2 ミキサーに、唐辛子と塩を入れて撹拌《かくはん》する。ある程度細かくなったら、ゆずを加え、なめらかになるまで撹拌する。
3 密閉容器に詰め、冷蔵庫で1週間ほどおいてから使う。
☆ ミキサーで回しにくいときは、すり鉢であたってもよい。

わさび

山葵

名称　山葵、和佐比
Wasabi

原料　ワサビ、ホース
ラディッシュ

Data
（練りわさび小さじ１あたり）
重量：6g
塩分換算量：0.36g
エネルギー：16kcal

保存法
生のものは、水を入れたコップに立て、毎日水を替えて冷蔵保存する。チューブタイプは、なかの空気をしっかり抜いて、冷蔵保存を。粉わさびは、密閉容器に入れて冷暗所で保存する。

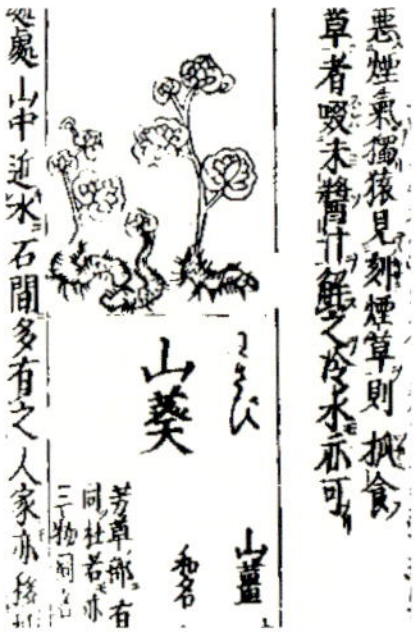

さわやかな刺激が刺し身やそばを引き立てる

ツンと鼻に抜ける刺激とすがすがしい香りが特徴のわさびは、日本原産。消化・吸収を助けて食欲を増進するほか、強力な消臭・抗菌作用があり、刺し身を愛する日本の食文化に欠かせない香辛料です。

わさびが初めて文献に登場したのは918年の『本草和名』といわれ、ほぼ同時代の漢和辞書『倭名類聚抄《わみょうるいじゅしょう》』にもその効用が記載されています。室町時代には刺し身のつまやそばの薬味として利用され、江戸時代の文化・文政年間には、にぎり寿司の普及とともに庶民にも浸透。大正初期には粉わさびも生まれました。

種類

チューブタイプの練りわさび

わさび

日本古来の香味野菜。辛みの成分シニグリンには、殺菌・防腐作用がある。

西洋わさびを粉砕、乾燥した粉わさび

ホースラディッシュ

別名西洋わさび。練りわさびや粉わさびの原料にされるシャープな辛みが特徴の香味野菜。

活用

コールスローにわさび

コールスローをさっぱり大人っぽい味にするには、わさびを加えて。ルッコラやみつばなど、香りある野菜を足しても。

バタートーストにわさび

バタートーストにぬると、油をさっぱりさせてさわやかな味に。朝ご飯にぴったり。

山椒《さんしょう》

名称　蜀椒、波自加美
Japanese pepper

原料　さんしょうの実

Data（小さじ1あたり）
重量：2g
塩分換算量：0g
エネルギー：8kcal

保存法
木の芽は、湿らせたキッチンペーパーで挟み、ラップに包んで冷蔵庫で保存する。乾燥したさんしょうは、密閉容器に入れて冷暗所で保存する。

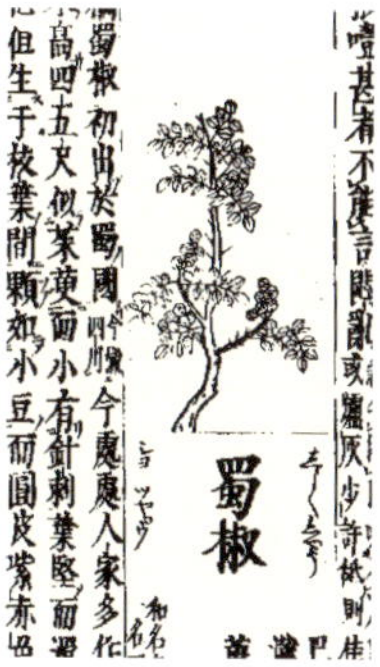

ピリッとした辛味がたまらない！日本伝統の香辛料

ピリッとした独特の辛味と芳香をもつさんしょうはミカン科の植物で、はじかみとも呼ばれます。日本では古くから親しまれ、縄文時代の土器にはさんしょうの実が付着していたとか。

黒くなる前の実は青ざんしょう、実ざんしょうとして、おもに佃煮やちりめんざんしょうに利用されます。乾燥させた果皮を粉末にした粉ざんしょうは、うなぎの蒲焼や焼き鳥などに欠かせない名脇役。七味唐辛子にも入っています。

また、さんしょうの若葉である木の芽は、お吸い物やちらし寿司などに添えられます。

種類

さんしょうの葉は「木の芽」と呼ばれる。煮物の仕上げにたたいてのせると香りがよい。

粉ざんしょう

黒く熟したさんしょうの実を、乾燥、粉砕したもの。うなぎの薬味としておなじみ。

花椒《ホアジャオ》

麻婆豆腐に欠かせない、中国のスパイス。舌がしびれるような辛さ。

活用

から揚げにさんしょう塩

いつものから揚げに、さんしょうと塩を合わせて添える。後口がさっぱりして大人の味に。

甘辛い味のきんぴらにかけても

「うなぎ」以外の甘辛味にもぴったり。きんぴらや照り焼き、すき焼きの薬味にしてもおいしい。具類のみそ汁とも相性バツグン。

胡椒《こしょう》

名称　胡椒
Pepper

原料　こしょう

Data
（混合粉こしょう小さじ1あたり）
重量：2g
塩分換算量：0g
エネルギー：7kcal

保存法
密閉容器に入れて冷暗所で保存する。風味が変化しやすいので、粉よりもホールで買うのがおすすめ。

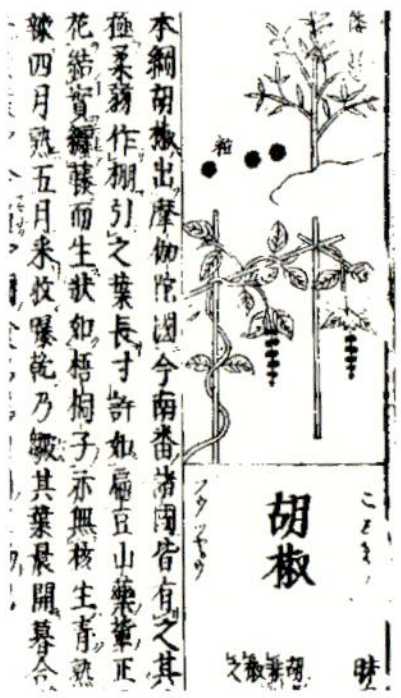

スパイシーで使いやすい香辛料の王様

古代より珍重され、現在では最もポピュラーな香辛料の王様・こしょう。同じこしょうの実でも収穫後の処理によって、香りも辛味も強い黒こしょう、マイルドな白こしょう、さわやかな刺激のある緑こしょうなどに分かれます。また、一般的なこしょうのほか長こしょう（ヒハツ）という品種もあり、沖縄本島や宮古・八重山諸島では古くから栽培されています。

和食とは縁が薄いイメージですが、8世紀半ばには日本にも伝わっており、一般に普及したのは江戸時代前期だったというから驚きです。

種類

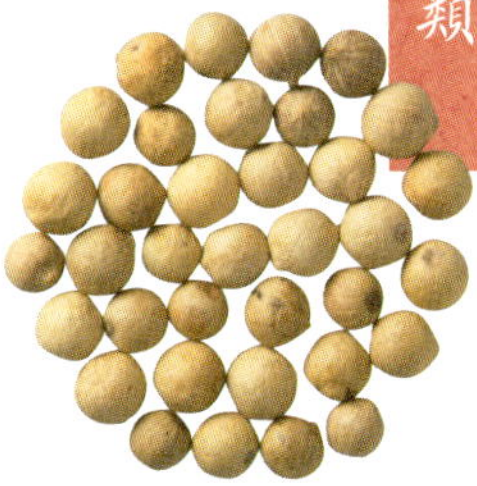
ホワイト

ブラック

黒こしょう、緑こしょうは、未熟の実を乾燥させたもの。緑が残るのは、フリーズドライで乾燥させるから。白こしょうは完熟の実の皮を取り、乾燥させたもの。

グリーン

ピンクペッパーは別もの

熟したこしょうの実、コショウボクの実、西洋ナナカマドの実と、3種の異なる実が「ピンクペッパー」として売られている。前者2つは辛みがあり、ナナカマドの実には酸味や苦味がある。

ピンク

活用

ハムサンドにこしょう

定番のからしマヨネーズの代わりに、こしょうをマヨネーズに混ぜたものをぬる。ペッパーハムのようにスパイシーに。

こしょうご飯でエスニック

炊きたてのご飯にこしょうをあらびきにしてかけると、味が引き締まる。エスニック料理にぴったり。

咖喱粉

名称　Curry powder

おもな原料
クミン、コリアンダー、ターメリック、クローブ

Data（大さじ１あたり）
重量：6g
塩分換算量：0.006g
エネルギー：20kcal

保存法
密閉容器に入れて冷暗所で保存する。冷蔵庫で保存する場合も、しっかり密閉する。

食欲をそそるカレーの香りは、香辛料が奏でる芸術

いまや〝国民食〟とも呼ばれ、日本人におおいに愛されているカレー。食欲をそそる香りとおいしさの源であるカレー粉には、さまざまな香辛料がミックスされています。

コリアンダーやシナモン、ナツメグ、アニス、カルダモン、クミンといった香辛料は、個性的でエキゾチックな香りを演出。こしょうや唐辛子、しょうがなどはおもに辛味のもとに。そして食欲をそそるカレー独特の色づけとして、ターメリック、パプリカ、サフランなどが使われています。

カレー粉は、まさに香辛料が奏でるハーモニーの芸術なのです。

配合

カルダモン　ターメリック　クローブ　クミン　ジンジャー　ガーリック

複数のスパイスが配合されたカレー粉

スパイスパワーをみそ汁で手軽に

昨晩のみそ汁を朝ご飯で飲むときは、カレー粉で趣向を変えてみては。手軽にスパイスを摂れる。

クラーク博士もカレー好き？

カレーはもともとインド料理で、その語源には諸説ありますが、インド南部のタミール語で「ご飯にかける汁状のもの」を意味する「カリ」がカレーになったとの説が有力です。

日本へは、明治初期にイギリスから西洋料理として渡来。かのクラーク博士も、体力向上の食事としてライスカレーを薦めていたとされます。大正時代には、栄養豊富で調理もかんたんなことから、軍隊食としても重宝されました。

現代では家庭料理を代表するメニューへと進化したカレー。レトルトや外食も合わせると、日本人は1年に約80皿も食べているとのデータがあります。つまり週に1皿以上は食べている計算となり、日本人がいかにカレー好きかがよくわかります。

パン食を推進した博士。米食は「ライスカレー」を除いて禁止したともいわれている。

さまざまなスパイス＆ハーブ

香りや辛味、複雑な風味を操って

日本古来の香辛料のほかにも、現代のキッチンにはさまざまなスパイスやハーブが登場しています。今日のように一般家庭に普及したのは、昭和30年代後半。歴史が浅いながら、スーパーではフレッシュ、ドライ、ペーストと多様な商品がそろいます。

　どのスパイスとハーブが、どの食材に合うのか。一度覚えてしまえば、下ごしらえに、仕上げに、料理の幅をグンと広げてくれる頼もしい味方になります。

イタリアンパセリ

美しい葉の形を活かし、さまざまな料理の飾りつけに使われる。ほかのハーブと合わせて、ドレッシングにしてもおいしい。

オレガノ

フレッシュなものはトマト料理に、ドライタイプは肉の下味にぴったり。ほろ苦く、さっぱりしたあと味で、臭みを消す効果がある。

クミン

カレーに欠かせないスパイス。ほのかな苦味と辛味が特徴で、淡泊な食材と好相性。種子のホールと、粉状にしたパウダーがある。

クローブ

ビーフシチュー、ハンバーグなどの肉料理や、お菓子作りにおすすめ。甘くてスパイシーな香りは、スパイスのなかでもトップクラス。

五香粉《ウーシャンフェン》

肉や魚のから揚げを、一気に本格的な中華の風味にする混合スパイス。八角やクローブ、花椒など5種類をミックスしている。

コリアンダー

種子はカレーに欠かせないスパイス、茎葉はエスニック料理に多用されるハーブと、ふたつの顔をもつ。種子は甘い香りで、お菓子作りにも。

シナモン

お菓子作りに欠かせないスパイス。独特の風味と香り、甘味がある。りんごやバナナ、さつまいもなど、甘味のある食材にぴったり。

タイム

別名「魚のハーブ」と呼ばれるが、肉とも好相性で臭み消しに効果を発揮。加熱に強く、ほかのハーブと組み合わせてブーケガルニにも使われる。

タラゴン

フランス料理に多様されるハーブ。鶏肉や魚介類、卵の料理に使われるほか、エスカルゴに欠かせないとされる。

ナツメグ

ひき肉料理と相性がよく、臭み消しに効果的。甘美な香りは、ドーナツやジャムなどのスイーツにも利用される。

バジル

トマト料理に、肉や魚料理、イタリアンでもエスニックでも使われる人気のハーブ。ほんのり甘い、さわやかな風味が特徴。

バニラビーンズ

洋菓子に欠かせない、芳醇な甘い香りが特徴。さや状の果実を繰り返し発酵、乾燥させて作られる、非常に高価なスパイス。

パプリカ

ハンガリーの料理に使われる、赤い色と快い芳香のスパイス。サラダのドレッシングや、スープの仕上げに気軽に取り入れてみては。

ミント

料理に使われるのは、おもにスペアミントとペパーミントの２種で、より清涼感が強いのが後者。フルーツ、きゅうりのサラダにおすすめ。

レモングラス

タイ料理トム・ヤム・クンに欠かせない、レモンの香りがするハーブ。にんにくや唐辛子と相性がよい。魚のグリルや煮込みにも。

ローズマリー

青魚、豚肉、羊肉などのクセを和らげる、深く鮮烈な香り。特にイタリア料理で好まれる。加熱に強いので、煮込み料理にも最適。

ローレル

ベイリーフ、月桂樹の葉の別名でも知られるハーブ。清涼感のある香りで、カレーやロールキャベツ、シチューに加えて使われる。

ひき肉料理の臭み消しや
ほんのり甘い香りづけに

ナツメグこしょう

材料（作りやすい分量）
ナツメグ（粉末）…小さじ1
こしょう…小さじ1／4
塩…大さじ3

作り方
すべての材料を混ぜ合わせる。

乳製品と相性バツグン。
バタートーストやヨーグルトに

シナモンシュガー

材料（作りやすい分量）
シナモンパウダー…小さじ1
グラニュー糖…大さじ1

作り方
シナモンパウダーとグラニュー糖をよく混ぜ合わせる。

プロバンス地方のミックスハーブ。
魚料理や、蒸し野菜の香りづけにも

エルブド プロバンス

材料（作りやすい分量）
タイム…大さじ1
ローズマリー…大さじ1
ローレル…大さじ1
オレガノ…大さじ1

作り方
すべての材料を混ぜ合わせる。ドライでもフレッシュでもよい。素材にふりかけたり、煮込み料理の風味づけにしたりするとおいしい。

これさえあればカレー粉いらず？
カレーの基本を作る２種類のミックス

カレーの ミックススパイス

材料（作りやすい分量）
コリアンダー…大さじ2
クミン…大さじ1と1／2

作り方
コリアンダーとクミンを混ぜ合わせる。鍋に野菜や肉を炒めて、合わせたスパイスを入れさらに炒める。水とトマト缶を加えて煮込むとスパイスの効いたカレーに仕上がる。

刺し身に添えれば、風味豊かなカルパッチョに。
蒸したじゃがいもを和えても

バジルオイル

材料（作りやすい分量）
バジル…適量
揚げ油…適量
塩…適量
エキストラバージン
オリーブオイル…適量

作り方
バジルは100℃の揚げ油で素揚げして塩をふり、フードプロセッサーで細かくきざむ。エキストラバージンオリーブオイルと合わせる。

手作りドレッシングや
パスタの仕上げに加えて

ローズマリーオイル

材料（作りやすい分量）
ローズマリー…1〜2枝
タイム…1〜2枝
にんにく…1／2かけ
オリーブオイル…適量

作り方
ハーブ類は水洗いし、水気をふき取る。保存びんなどにハーブ類とにんにくを入れ、オリーブオイルをひたひたに注ぎ入れる。冷暗所に4〜5日おき、ハーブを取り出す。

エスニックスープに加えるほか
蒸した魚介類にサッとふって

レモングラスハーブビネガー

材料（作りやすい分量）
穀物酢…150cc
レモングラス…3g

作り方
穀物酢にレモングラスを漬ける。ほかのお好みのハーブをブレンドすると、オリジナルのハーブドレッシングになる。

鶏ガラスープの風味づけに。
蒸し鶏に添えても

ミント塩

材料（作りやすい分量）
ミント…1／2カップ
塩…大さじ3

作り方
ミントをすり鉢でザッとつぶし、塩を加えてしっとりするまで混ぜる。

鶏肉や白身魚に
ぬって焼いて

中華風照り焼きだれ

材料（作りやすい分量）
にんにくのすりおろし…1かけ分
日本酒…大さじ1
濃口しょうゆ…大さじ1
五香粉…小さじ1／4

作り方
保存袋につけだれのすべての材料を混ぜ、鶏肉（分量外）などの素材を加えてもみ込む。冷蔵庫で数時間おいたら、素材を取り出して焼こう。

すっきりした香りとほろ苦さで
具材のうま味を引き締める

タラゴンのピカタ

材料（作りやすい分量）
タラゴンの葉
…10g（3分の2量はみじん切りにする）
卵…2個
豚肉…150g
小麦粉…大さじ1
オリーブオイル…大さじ2

作り方
1 豚肉にみじん切りしたタラゴンをふりかけ、小麦粉もまぶす。
2 卵を割りほぐし、1をつける。熱したフライパンにオリーブオイルをひき、タラゴンをふった面を下にして弱中火で焼く。
3 焼き色がついたら裏返す。焼けた面に残しておいたタラゴンの葉をちらし、その上から卵液を少量かける。
4 裏面が焼けたらもう一度返し、あとからのせたタラゴンと卵液にサッと火を通す。

調味料の年表 2

紀元前　五世紀　十世紀　十五世紀　二十世紀

だし

中国の『斉民要術』に最古のスープストック「清湯」の作り方が記される。

757 「養老律令」に、かつおの煮汁「かつおいろり」が記される。

蝦夷地の開拓が進み、昆布の生産が増加。

京都の禅寺を中心に、精進の昆布だしが発達する。

かつお節のカビつけ方法の発明。保存性、品質が向上する。

各家庭でも、かつお節でだしをとる習慣が広まる。

1908 池田博士が昆布からグルタミン酸を抽出。のちに第五の味「うま味」の成分として発表する。

マヨネーズ

メノルカ島

メノルカ島からパリに「マオンネーズ」が持ち込まれる。

1925 日本国内初のマヨネーズが販売開始。

ケチャップ

古代ローマや中国で、ケチャップの原形となる魚醤が使われる。

魚で造られていた醤(ひしお)＝ケチャップが、それぞれの地域で発展。穀類や果物も原料となる。

マレー半島で発達した、果物とスパイスが入ったケチャップがイギリスに渡る。

新大陸アメリカの野菜トマトが、ヨーロッパ食文化に登場。移民の料理書に、トマトケチャップのレシピが記される。

アメリカで、トマトケチャップを製品化するメーカーが続出。

日本で初のトマトケチャップが販売開始。

ソース

魚醤のなごりで、アンチョビが加えられている

さまざまな材料のケチャップ風調味料が各家庭や王宮で研究される。

イギリス、ウスターシャー州でソースが誕生。製品化される。

1886 西洋のソースにヒントを得た「新味醤油」が、日本で発売。

香辛料

中国では、シナモンやクローブを清めの薬やお香として、神仏事に利用。

エジプトでは、強壮剤やミイラ保存用の薬として利用。

食用に、需要が増加。シルクロードの発達により、高値で取引される。

1299 『東方見聞録』に東洋の島々にスパイスが豊富である様子を記す。

スパイスの利権をめぐる戦争が、ポルトガル、スペインなどを中心に勃発。

栽培地の増加により、供給が安定。

明治時代になった日本へも、西洋的なスパイス料理が流入する。

油

B.C.3000 中国やエジプトで、灯火や体への塗布に使用される。

大陸から日本に搾油機が伝来。ハシバミからしぼった油を、行灯(あんどん)に利用した。

行灯用のごま油が、税として納められる。油を使った料理が出現。

搾油機や精製法の改良により、なたね油や綿実油など原料が多様化する。

石油ランプの登場により、行灯への利用がなくなり、食用に特化する。

日本での缶詰作りに、油の保存性の高さが利用される。

油

胡麻・オリーブ・
サラダ・そのほか

油《あぶら》

料理をするうえでもエネルギー源としても重要

炒めたり揚げたり、風味をつけたりと、料理において重要な役目を果たしている油。食用の油は、バターやラードのような動物油と、ごま油やサラダ油のような植物油に大別されますが、栄養学的にはどちらも「油脂」と呼ばれるもの。糖質、たんぱく質と並ぶ三大エネルギー源のひとつであり、なかでも最も効率よくエネルギーが摂取できる食品です。

ここではおもに、植物油の歴史や製造方法、その種類などを紹介していきます。

名称 油
Oil

おもな原料
大豆、菜種、とうもろこし、ごま

年間消費量
1人あたり：13ℓ

Data（大さじ1あたり）
重量：12g
塩分換算量：0g
エネルギー：111kcal

効果
●**コーティング**
油が表面を覆うことでうま味が閉じ込められる
●**高温調理**
130℃から200℃の高温で調理できる
●**コクと香りをつける**
淡泊な食材でも、おいしく食べられる

保存法
常温で保存が可能。ただし、光と酸素が大敵なので、しっかり密閉できる容器に入れ、冷暗所で保存を。

油脂

液体油 → **不飽和脂肪酸**を多く含む

二重結合あり。不安定な構造

- 二重結合がひとつ
  - **オレイン酸（オメガ9）**
    人が体内でも合成できる脂肪酸。悪玉コレステロールを下げるといわれる。
- 二重結合がふたつ以上
  - **リノール酸（オメガ6）**
    体内で合成できない脂肪酸。摂取しすぎる傾向にある。
  - **α-リノレン酸（オメガ3）**
    体内で合成できない脂肪酸。現代人は不足しがち。

特に摂りたいのが、オメガ3の脂肪酸。

固形脂 → **飽和脂肪酸**を多く含む

二重結合のない、安定した脂肪酸。バター、ラード、パーム油などに多い。

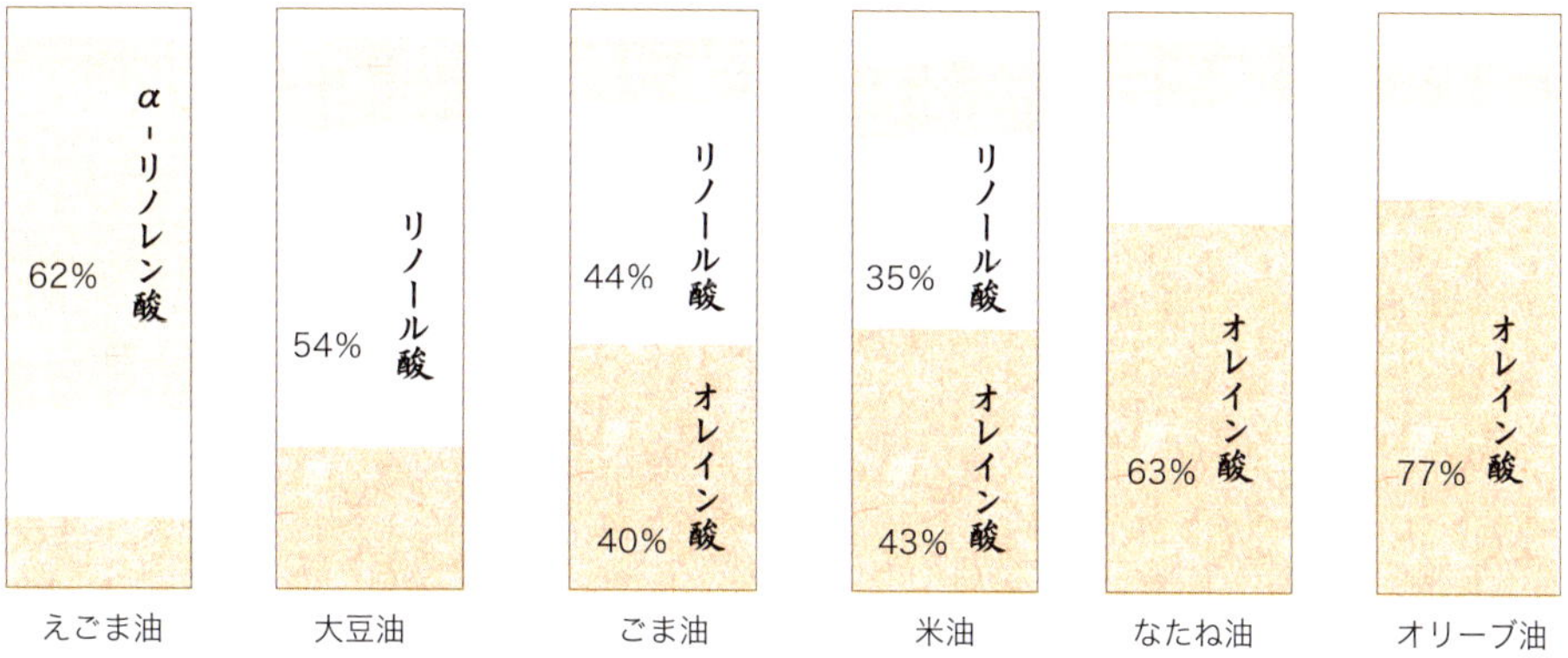

摂りたい油をくわしく知ろう

健康を意識して油を分類するときに、ポイントとなるのが「脂肪酸」。油の主成分である脂質の、おもな構成成分です。

脂肪酸にはさまざまな種類がありますが、その分子構造の違いにより、ふたつに大別されます。分類のポイントは、分子構造を不安定にする「二重結合」の有無。二重結合のないものが「飽和脂肪酸」、あるものが「不飽和脂肪酸」です。二重結合のない飽和脂肪酸は、常温でも固体の性質。一方、二重結合をもつ不飽和脂肪酸は液体となります。

不飽和脂肪酸はさらに、二重結合の位置により、「オメガ9」「オメガ6」「オメガ3」に分類されます。飽和脂肪酸と、3つの不飽和脂肪酸は、いずれも人体に必要なもので、適量をバランス良く摂ることが大切とされています。

植物油は、おもに3つの不飽和脂肪酸によって構成されます。オメガ9のオレイン酸、オメガ6のリノール酸、オメガ3のα-リノレン酸。油の種類でその構成は異なります。自分の食生活に足りていない脂肪酸を、意識しましょう。

コラム　油屋さんのレシピ

「金田油店」は、東京は浅草橋にある、油の専門店。世界中の食用、美容用の油を約25種類取り扱っています。

青木さんは「油売りエマ」として、この店の店長を務めるかたわら、油を使ったオリジナルレシピを、ブログ「油屋ごはん」で公開。油の正しい知識と、豊かな楽しみ方を紹介しています。

毎日の晩酌からおもてなし料理まで使えるレシピです。

青木絵麻さん

金田油店初代店長。油を活かしたレシピを、自身のブログ「油屋ごはん」にて公開中。

低温の油で煮る料理。
オリーブオイルの風味が活きる

カキときのこのオイル煮

材料（2人分）

生カキ…8〜10個
エリンギ…中2本
まいたけ…1／4パック
にんにく…1かけ
エキストラバージン
オリーブオイル
…1／2カップ
ハーブソルト…少々
こしょう…少々
塩…少々

作り方

1 カキはサッと洗って水気をしっかりふき、ハーブソルトとこしょうをふっておく。

2 カスエラ（小さな土鍋）につぶしたにんにくとオリーブオイルを入れ、極弱火にかける。

3 オイルが温まったらエリンギとまいたけを入れ、塩もふり、全体が少ししんなりするまで加熱する。

4 カキを入れサッと加熱したら完成。温めたバゲットにのせて食べてもおいしい。

オリーブオイルで揚げ物？
香ばしさがやみつきに

オリーブオイルでチキンカツ

材料（2人分）

鶏むね肉…2枚
塩…適量
小麦粉…適量
卵…適量
パン粉…適量
エキストラバージン
オリーブオイル…適量

作り方

1 鶏むね肉の筋を取り、全体をフォークでつつきやわらかくする。

2 塩をふって10分ほどおく。

3 小麦粉、溶き卵、パン粉の順に衣をつける。フライパンにオイルを1㎝くらい注ぎ、揚げ焼きにする。鶏むね肉の厚い部分に火が入るぎりぎりで揚げるとジューシーに仕上がる。

唐辛子とにんにくの
チリオイルで、
じっくり炒めて

イタリアン鶏じゃが

チリオイルを常備しよう

唐辛子とにんにくで風味づけしたオリーブオイルがあると、ペペロンチーノがすぐに作れて便利。半割りにしたにんにくと唐辛子を自分で漬け込んで作ってもいいが、すでに風味づけされた製品もある。

材料（2人分）

鶏もも肉…1／2枚
ガーリック
チリオリーブオイル
…大さじ2
じゃがいも…小4個
レーズン…大さじ2
塩…少々
こしょう…少々
バルサミコ酢…少々

作り方

1 鶏もも肉をひと口大に切り、塩こしょうで下味をつける。フライパンでこんがり焼き、取り出す。
2 フライパンに残っている鶏の脂にオイルを足す。
3 皮つきのまま輪切りにしたじゃがいもを弱めの中火で焼きつける。
4 両面焼いて火が通ったら1を戻す。レーズンを加え、塩こしょうで味を調える。
5 バルサミコ酢をたらし、あおったら完成。

さっぱりしたえごま油で
野菜の香りを堪能

春菊と白菜のサラダ えごまドレッシング

材料（2人分）

春菊…中1／2株
白菜（葉のやわらかい部分）
…100g
松の実…15粒ほど

A
金時にんじん…適量
純えごま油…大さじ1
米酢…大さじ1
塩…少々

作り方

1 松の実は乾煎《からい》りしておく。金時にんじんはピーラーで細長くスライスする。
2 Aの材料をまぜる。
3 洗って水気をきった春菊と白菜をちぎり、2と和える。仕上げに松の実を飾ってできあがり。

フレッシュハーブの
オイルソースで
刺し身をドレスアップ

イワシの刺し身 イタリアンソース

材料（2人分）

イワシ…2～3尾
レモン汁…1／2個分

A
塩…少々
生バジル…3～4枚
小さめのトマト…1個
エキストラバージン
オリーブオイル
…大さじ2～3

作り方

1 イワシを三枚おろしにし、お腹の小骨を削ぎ皮をむく。身を3～4等分に切る。
2 皿にレモン汁をたらし、1を並べ冷蔵庫に入れておく。
3 フードプロセッサーにAを入れ軽く攪拌《かくはん》する。
4 イワシにソースをかけて完成。

鮭と新玉ねぎのカルボナーラ

さわやかな風味のごま油ならイタリアンにも大活躍

材料（2人分）

パスタ…160g
玉締めしぼりごま油…大さじ1
にんにく…1かけ（みじん切り）
玉ねぎ…1／2個
鮭フレーク…大さじ2
卵黄…2個
お好みのチーズ…10g
生クリーム…大さじ2
黒こしょう…少々
塩…大さじ1

作り方

1 大きめの鍋に水と塩を入れて沸かし、パスタをゆでる。
2 フライパンにごま油とにんにくを入れ、中火で熱する。
3 香りが立ったら玉ねぎを軽く炒め、鮭、生クリーム、黒こしょうを加えて少し煮詰める。
4 パスタを加えたら火を止め、卵黄、チーズをからめる。濃度は適宜ゆで汁で調整を。
5 皿に盛り、パセリをふる。

パリパリ焼きそうめんのあんかけ

太白ごま油で揚げ焼きした、そうめんの食感が楽しい

材料（2人分）

そうめん…100g
太白ごま油…大さじ2
しめじ…1／2パック
牛こまぎれ肉…100g
中国セロリ…1束
焙煎タイプのごま油…大さじ2
青ねぎ…1束
しょうが…1かけ（みじん切り）
豆板醤…大さじ1／2
鶏ガラスープ…80cc
しょうゆ…少々
水溶き片栗粉…大さじ1
香酢やラー油…適宜

作り方

そうめん

1 麺をゆでて、しっかり水をきる。
2 フライパンに太白ごま油の半量を熱し、麺を入れ押しつけるように焼く。
3 こんがりと焼き色がついたら裏返す。鍋肌から残りの太白ごま油をまわし入れ、揚げ焼きする。

あん

1 フライパンに焙煎ごま油を熱し、中火でしょうがと豆板醤を炒める。
2 香りが立ったら火を強め牛肉、しめじ、中国セロリの順に入れ、炒める。
3 火が通ったら鶏ガラスープを入れ、煮立ったらしょうゆと水溶き片栗粉を入れる。
4 最後にねぎを加える。

仕上げ

焼いた麺にあんをかけて完成。麺をほぐしながらあんをからめて食べるとおいしい。お好みで香酢やラー油を加えるとよい。

油のおいしい活かし方

クセがなく加熱に強い太白ごま油は、調理の炒め油にぴったり。あんには焙煎ごま油を使って、香りを出して。

太白ごま油と
塩だけで具材のうま味を
引き出して

芽キャベツと鶏ひき肉のスープ

材料（2人分）
芽キャベツ…10個
太白ごま油…大さじ1
鶏ひき肉…40g
れんこん…50g（みじん切り）
しょうが…1かけ（みじん切り）
水…2カップ
塩…適量
サワークリーム…適宜
パプリカパウダー…適宜

作り方
1 鍋に太白ごま油としょうがを中火で熱し、香りが出てきたら鶏ひき肉、れんこんを炒める。
2 芽キャベツと水を加え、10分ほど煮込む。
3 塩で味つけする。お好みで、サワークリーム、パプリカパウダーを添える。

食感の異なる具と
香り油でごちそう仕立て

ごちそうかぼちゃポタージュ

材料（2人分）
A
鶏ひき肉…100g
豆腐…30g
酒、みそ…各小さじ1
しょうが…1/3かけ（すりおろす）
長ねぎ…3cm（みじん切り）
すりごま…小さじ1

片栗粉…適量
油…大さじ1/2
かぼちゃ…1/4個
和風だし…かぼちゃが浸かる程度
塩…少々
菜の花、ごま豆腐…適量
玉締めしぼりなたね油…適量

作り方
1 鶏だんごを作る。Aの材料をよく混ぜ成形する。
2 片栗粉をふり、油を熱したフライパンでAを返しながら焼き、火を通す。
3 ポタージュを作る。かぼちゃは和風だしで煮て、ミキサーにかける。塩で味を調える。
4 ポタージュを器に入れ、鶏だんごとごま豆腐も入れる。菜の花（ゆで）を飾って、なたね油を仕上げにまわしかけて完成。

キャベツの甘みに
やわらかな香りの
なたね油がマッチ

なたね油で春のボンゴレ

材料（2人分）
パスタ…160g
塩…大さじ1
にんにく…1かけ（みじん切り）
鷹の爪…1本
太白ごま油…大さじ2
あさり…200g
春キャベツ…1/6個（ざく切り）
白ワイン…大さじ2
塩…少々
玉締めしぼりなたね油…適量

作り方
1 大きめの鍋に水と塩を入れて沸かし、パスタを固めにゆでる。
2 フライパンにごま油、にんにく、鷹の爪を入れ、弱火で熱する。
3 香りが立ったら、砂出ししてよく洗ったあさりとキャベツ、白ワインを入れ貝が開くまでふたをする。
4 固めにゆでたパスタをフライパンに移し、貝とワインのだしを吸わせながら仕上げる。
5 塩で味を調え、火を止めてからなたね油をまわしかける。

胡麻油《ごまあぶら》

名称　Sesame oil

原料　ごまの種子

Data（大さじ１あたり）
重量：12g
塩分換算量：0g
エネルギー：107kcal

おもな脂肪酸
リノール酸、オレイン酸

保存法
しっかり密閉し、冷暗所で保存する。揚げ物に利用したときは、すぐにこし器でカスを取り除き、密閉容器に入れて保存する。

香りも栄養も！ごまの魅力をギュッと凝縮

ごま油は種類によって、香ばしいもの、クセのないものとさまざまで、中華、和食、韓国などのアジア料理に、幅広く使われています。天然の抗酸化成分であるセサモールを含むため、酸化しにくいのが特徴です。

また、体の組織を正常に機能させるリノール酸や、悪玉コレステロールを下げるオレイン酸が豊富に含まれるなど、体にうれしい健康効果も期待できます。

日本では奈良時代、仏教の伝来とともにごま油の搾油技術が伝わりましたが、近代までは食用というよりおもに灯油用として使われてきました。

太白▼

ごまを焙煎していない、クセのない油。香りはほとんどないが、コクとうま味はしっかりある。パスタやお菓子作りにも。

焙煎《ばいせん》▼

ポピュラーなごま油。焙煎してしぼるので、香ばしいのが特徴。中華ドレッシングに加えたり、おかゆにたらしたりしても。

玉締めしぼり▼

焙煎したごまを玉締め機でしぼったもの。ごま本来の風味と、まろやかな味が特徴。和え物や、豆腐にたらすだけでも美味。

▲黒

黒ごまをしぼっためずらしい油で、黒ごま独特の味わいが特徴。蒸し魚や、あっさりしたスープにかけて楽しみたい。

色も味わいもさまざま

ごま油といえば深い褐色のものがおなじみですが、サラダ油のように透明なごま油も存在します。褐色のものは、ごまを高温で焙煎（乾《から》煎《い》り）してから圧搾したもので、ごま独特の色と香りが濃くあらわれます。

低めの温度でじっくり焙煎した低温焙煎ごま油は、琥珀《こはく》色と甘く香ばしい香りが特徴です。一方、透明なごま油は、ごまを生のまま圧搾して精製したもの。「太白ごま油」と呼ばれ、香りはほとんどないものの奥深いうま味があり、近年人気を集めています。

香ばしい茶色、やわらかい風味の金色、クセのない透明、と揃えると、使い分けしやすくなります。

江戸時代からの伝統製法「玉締めしぼり」は、じっくり時間をかけて低圧力で圧搾するもので、ごまの持ち味が存分に活きた高級品として知られています。

活用

サラダ油に足して風味良い揚げ油に

油は、ブレンドしても使える。天ぷらを揚げるとき、サラダ油にごま油を足すと香ばしく揚げあがるようになる。

ゆで野菜をしっとり色よく

独特の香りがある葉野菜は、ごま油を少々加えた湯でゆでると、香りよく、色よく仕上がる。

オリーブオイル

名称 Olive oil

原料 オリーブの実

Data（大さじ１あたり）
重量：12g
塩分換算量：0g
エネルギー：107kcal

おもな脂肪酸
オレイン酸

保存法
しっかり密閉し、冷暗所で保存する。10度以下になると、白濁・凝固する。びんは、遮光性のあるものがよい。風味が落ちてきたら、加熱調理するのがおすすめ。

オリーブ果実の新鮮な香りが楽しめる

オリーブの果実を圧搾したオリーブオイルは、有史以前から中東をはじめ、エジプト、ギリシャなどおもに地中海地方で生産され、現在でもパスタやマリネなどの地中海料理には欠かせません。

オリーブオイルには国際基準があり、風味や酸度でクラス分けされています。果実を低温圧搾しただけのジュースをバージンオイルと呼び、各種検査された最高ランクのものを、エキストラバージンオイルと呼びます。

悪玉コレステロールを下げる、動脈硬化を予防するといった健康効果が注目されたこともあり、近年は日本でもすっかりおなじみ。和食との相性もバツグンです。

オリーブの出身地を知る

オリーブオイルは、土地に根ざした味になるとされる。作られたのが海沿いなら魚介類に、山間の土地のものなら肉に合わせてみては。

残った牛肉は変色防止

すぐに黒ずんでしまう、生の牛肉。表面にオリーブ油をぬると、油がコーティングされて変色防止に。

ワインのように楽しみたいEXバージン

エキストラバージンオリーブオイルは、オリーブ果実の一番しぼり。化学処理や熱処理もされていないので、果実の味がダイレクトにでます。そのため、産地の違い、生産年の違い、品種の違いによって香りも色も変化します。

また、近年日本でも扱われるようになったノンフィルタータイプには、ワインのボジョレー・ヌーボーのように、収穫を祝い新物の味を楽しむノヴェッロというオイルもあります。

オリーブという果実をストレートに味わえるエキストラバージンオイル。手に入れたらまず、バゲットに塩とオイルだけをつけて、シンプルに味わってみては。

オリーブオイルは濃さと香りで選んでも

オリーブオイルは、地方ごと、生産者ごと、収穫時期や品種のブレンドごとに、風味は千差万別です。辛口のさっぱりしたものから、コクがあるまろやかなタイプまで。香りも、フルーティーなものから草のようなものまであります。お気に入りを見つけて。

エキストラバージン

バージンオイルのうち、最もハイクラスの油。酸度が低く、フレッシュな香りが特徴。仕上げに、揚げ油にと幅広く使え、豊かな風味を与える。

ピュア

精製オリーブオイルに、バージンオリーブオイルを配合したもの。香りがマイルドなので、素材の風味を活かしたいときに。

ノンフィルター

日本ではめずらしい、ろ過されていないエキストラバージンオイル。香りが非常に強く、苦味や辛味がある。澱《おり》が多いので、早めに使いきりたい。

サラダあぶら

サラダ油

クセがなく使いやすいオールマイティな油

低温でも固まらず、冷蔵庫で冷やすサラダのドレッシングなどにそのまま使える食用油、という意味でこう名づけられました。味や香りにクセがなく、冷やしても固まらないように精製されています。

サラダ油の原料となる植物油のなかで、特によく使われるのがなたね油と大豆油。日本で流通しているなたね油は、大部分がカナダから輸入されたキャノーラ種という品種で、食用油のほかマヨネーズやショートニングにも使われます。

大豆油はなたね油の次に生産量が多く、健康に良いとされる不飽和脂肪酸がバランスよく含まれています。

精製のあと、さらに加工

冷蔵庫に入れても固まらないのは、製造の最終工程で油を冷やし、固める成分を取り除く「脱ロウ」を行っているため。

大手メーカーのものは、大豆となたねの混合が主流。

名称 Vegetable oil,blend

おもな原料
なたね、大豆

Data（大さじ1あたり）
重量：12g
塩分換算量：0g
エネルギー：106kcal

おもな脂肪酸
ブレンドにより異なる。なたね＋大豆なら、オレイン酸、リノール酸

保存法
しっかり密閉し、冷暗所で保存する。揚げ物に利用したときは、すぐにこし器でカスを取り除き、密閉容器に入れて保存する。

おいしい選び方

一 用途で選ぶ

揚げ油に使うなら、熱に強く、クセが強すぎない太白ごま油やこめ油を。野菜につけたりパンにつけたりして風味を楽しむならエキストラバージンオリーブオイル、などと油の性質を考えよう。

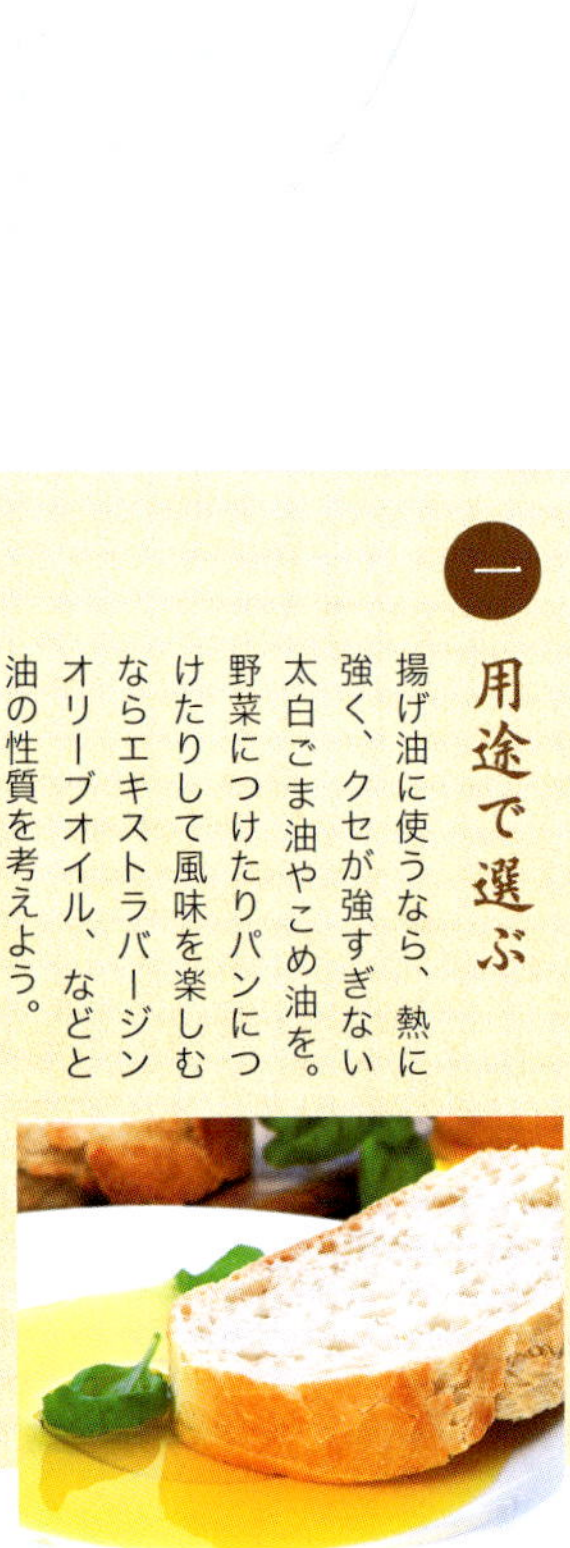

二 健康面で選ぶ

油を摂るときに気をつけたいのが、脂肪酸のバランス。飽和脂肪酸と、3つの不飽和脂肪酸を適量ずつ、バランスよく摂りたい。食材で表すと以下のとおりに。

オメガ3 1日あたり 青魚、100g程度。えごま油などで補う

オメガ6 1日あたり 紅花油など、大さじ1と1／2程度

オメガ9 1日あたり オリーブオイル、大さじ2以下程度

飽和脂肪酸 1日あたり 鶏ささみなら、200g前後 豚バラ肉なら、50g前後 牛ロースなら、65g前後

そのほかの油

国産原料の油から鮮やかな色のめずらしい油まで

あまり知られていない油にも、使いやすいものはたくさんあります。そのひとつが、こめ油。お米から油が採れることを意外に思うかもしれませんが、じつは日常的に親しまれている油のひとつです。米そのものではなく、玄米を精米するときに出る米ぬかと胚芽から作られます。

揚げせんべいやポテトチップス、かりんとうといったスナックによく使われるのは、酸化しにくく風味も良くなるため。また、こめ油は化粧品の原料になることもあります。

悪玉コレステロールを下げる植物ステロールが豊富なだけでなく、こめ油特有の成分γ《ガンマ》オリザノールが含まれ脂質異常症の予防も期待できるなど、ヘルシーな一面も注目されています。

えごま油

近年注目されている、α-リノレン酸を豊富に含む油。えごまの種子をしぼり、精製したもの。酸化しやすいので冷蔵庫で保管し、生食するのが基本。

カロチーノ油

パームフルーツ、あぶらやしの果肉から採れる油。独特な蒸留法で精製され、ビタミンEやカロテンが豊富。見た目とは異なり、クセのない万能オイル。

グレープシードオイル

ワイン造りで不要となる種からしぼられた油。さっぱりとクセがなく、サラダ油感覚でさまざまな料理に使える。無色に近いものから緑色のものまである。

こめ油

米ぬかから作られる油。原料の米は国産のものを使用することが多い。クセがなく、サラッとして使いやすい。

原料の違いで採油方法を選ぶ

油の製造工程は原料によって少しずつ異なりますが、基本的には前処理→採油→精製というプロセスで行われます。

まず原料から余分なものを取り除く精選作業を行い、加熱や破砕をして油を採りやすくしてから、採油します。おもな採油方法は3つあり、ひとつめは圧力をかけて物理的に油分をしぼり出す「圧搾法」。ふたつめは、大豆や米ぬかなど油分の少ない原料に溶剤を加えて直接油分を抽出する「抽出法」。そして最後が、圧搾法で油分をしぼり、しぼりきれなかった残りの油分を抽出法で採取する「圧抽法」です。原料に油分が多い場合は圧搾法、少ない場合は抽出法がとられます。

ここまでの工程を「搾油」と呼びます。この後の「精製」の工程は、製品によって行う場合と行わない場合があります。ろ過だけ行う油もあれば、精製をする油もあり、さまざまです。

精製油の場合、できた原油からさらに不純物を取り除き、脱臭、脱色などの精製作業を経て製品となります。

スローなしぼり方、玉締めしぼり

玉締めしぼりとは、江戸時代から続く伝統の搾油方法です。木材、玉石、鉄の輪を組んだ装置でゆっくりとしぼります。

機械で高い圧力をかけてしぼる場合と違い、焦げのにおいやえぐみが出ません。そのため、その後の精製の工程をたどらなくても、和紙でろ過するだけで、おいしい油が得られるのです。

玉締めの油は、原料本来の豊かな香りと、まろやかなコクが特徴。しぼるのに手間と時間がかかるため生産者は減少していますが、未来にも残したい、やさしく豊かな味わいです。

作り方

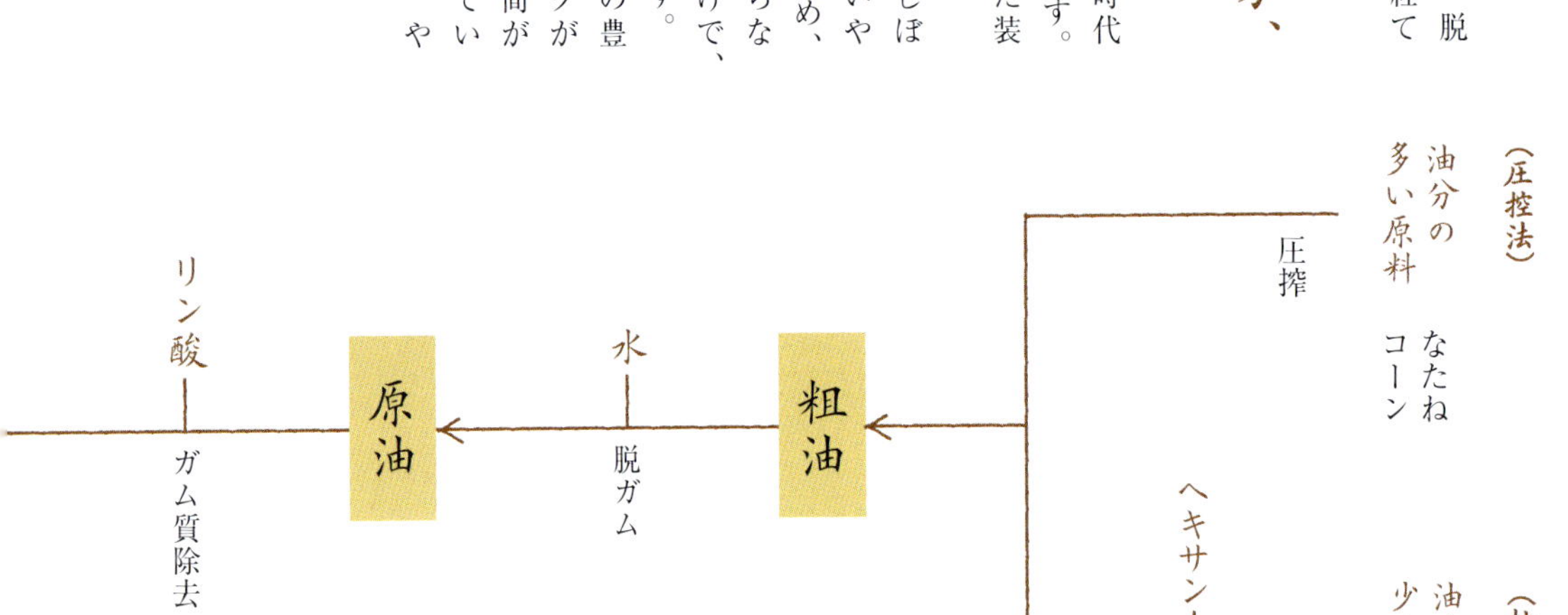

作り方（玉締めしぼり）

香料や燃料、食品として歴史とともに発展

植物油の歴史は古く、たとえばオリーブオイルは、古代エジプトの時代から塗布用や灯火用、香料として生活のなかで幅広く使用されていました。ごま油は、5000年前の中国でも作られていたといわれています。

本格的にオリーブオイルのしぼり方が確立されたのは紀元前600年ごろのローマで、ギリシャやスペインなど地中海世界全体で食用油として急速に普及。プトレマイオス朝エジプトでは、ごま油やアマニ油など5種類の植物油の製造・販売を国家が管理するほど、なくてはならないものでした。

日本では3世紀に大陸から搾油の道具が伝わり、奈良時代には搾油したごま油が税として徴収されていました。平安時代には、植物油を使った加工食品や料理が考案され、それまでは灯火用としての使用がメインだった植物油が、しだいに食品として広く認知されはじめます。

油を楽しむ歴史が古いエジプトでは、香料としての油の利用が現在もさかん。

江戸時代になると、搾油器の技術の進歩とともに「灰直し法」という精製法も生まれ、さらに品質の良い食用油が作られるようになりました。明治時代になると、それまで主流だったなたねや綿実ではない、雑穀からの採油もさかんに。さらに文明開化によってカツレツやコロッケ、オムレツなどの西洋料理の普及とともに食用油の使用量も増加しました。健康志向の現代では、体によいとされる機能性食用油が注目を集めています。

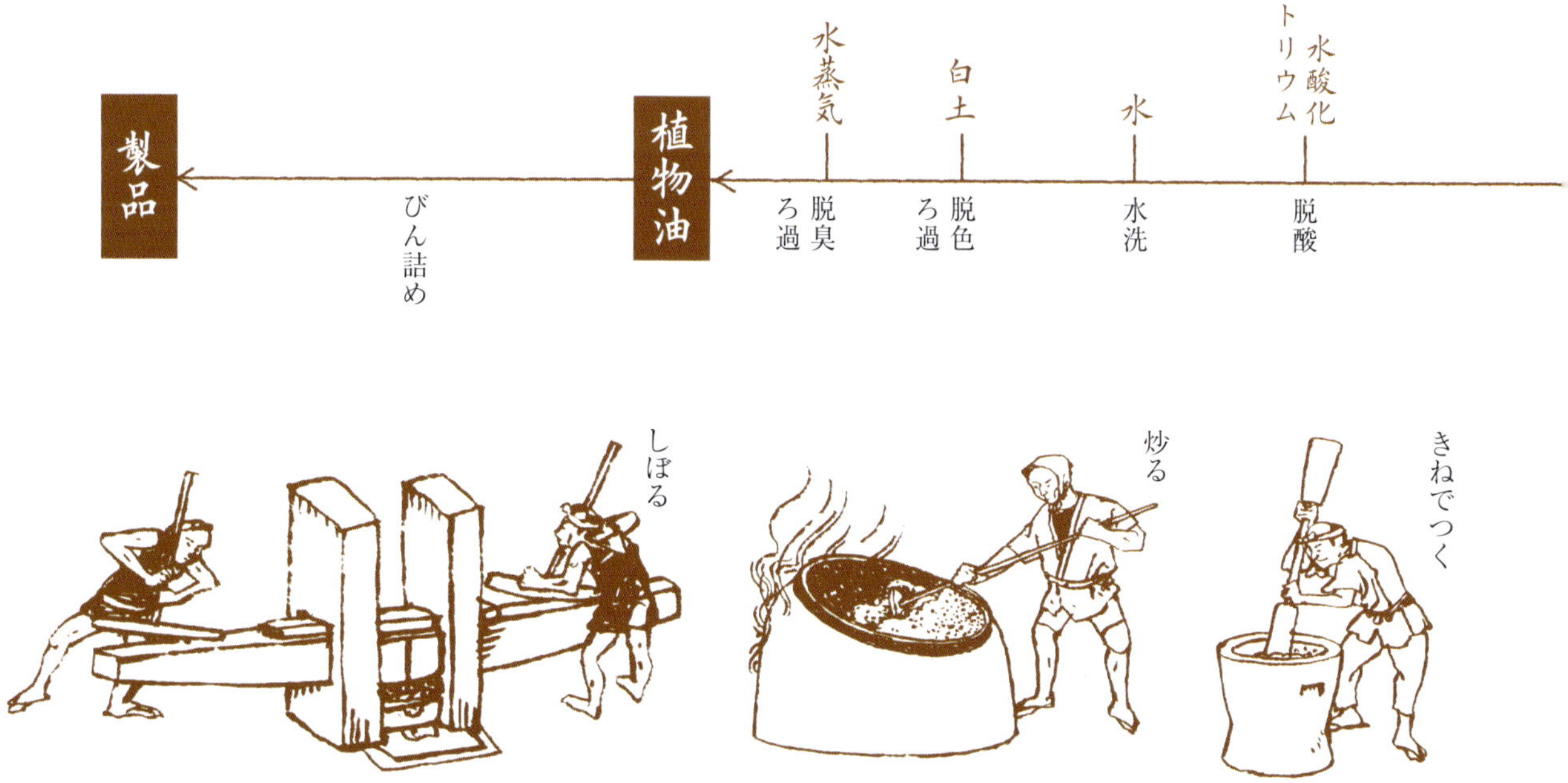

見直したい味見と正しい計量法

おいしい料理を作るのに欠かせないのが、「計量」と「味見」です。これは料理に慣れた人ほど、つい怠りがちになってしまう習慣ですが、プロの料理人は欠かさないプロセスでもあるのです。

味見は、料理の仕上げだけにするのではなく、素材やだし、単体のときにしても、おもしろいものです。同じにんじんでも、甘いものもあれば苦いものもあるでしょうし、同じようにひいたつもりのだしでも、風味が違うかもしれません。

舌は部位によって感じる味が違います。仕上げにする味見も、ほんの少しなめるだけではなく、ある程度の量を口に含み、舌全体で味わうようにすると、食べるときの味を体感できます。また、意外と知られていないのが、正しい計量法です。液体と固体では、「大さじ１」の量が異なります。また、「大さじ１／２」の量も、つい何となく、で量ってしまいがちです。

味がぴたりと決まらない、……そんなときは、味見と計量を見直してみては。

正しい計量

レシピを再現するのに欠かせない計量。「大さじ1」も正確に量れる約束事があります。

大さじ1

液体状のものは、こぼれない程度に、盛りあがった量

粉やペースト状のものは、しっかり詰めてすりきり

大さじ1／2

液体状のものは、見た目で3分の2くらい

粉やペースト状のものは、すりきりを半分にした量

1カップ

液体も固体も、水平に見て、目盛りぴったりまで

塩分量

レシピのアレンジに役立つのが、調味料の「塩分量」。たとえば、みそ大さじ1の味つけを、しょうゆ味にする場合、大さじ1のしょうゆではなく、みそ大さじ1分の「塩分」量のしょうゆを加えます。

塩1g

濃口しょうゆ
小さじ1強

みそ
大さじ1／2弱

塩
小さじ1／6

ナンプラー
小さじ1弱

ケチャップ
大さじ2

ソース
大さじ2／3

塩分量の少ない調味料は、塩を足して量を調整して。

マヨネーズ
大さじ5

×5

ポン酢
約120cc

【みそ】

みそ健康づくり委員会
http://www.miso.or.jp/

ソイビーンファーム
http://www.soybeanfarm.co.jp/

合資会社　八丁味噌
http://www.kakukyu.jp/

【酢】

株式会社　飯尾醸造
https://www.iio-jozo.co.jp/

株式会社　ミツカングループ本社
http://www.mizkan.co.jp/index.html

【みりん】

九重味淋株式会社
https://www.kokonoe.co.jp/

【酒・麹】

独立行政法人酒類総合研究所
https://www.nrib.go.jp/

株式会社　糀屋三左衛門
http://www.koji-za.jp/

【塩】

財団法人塩事業センター
http://www.shiojigyo.com/

奥能登塩田村
http://enden.jp/

ジャパンソルト株式会社
http://www.japan-salt.com/

【砂糖】

精糖工業会
https://seitokogyokai.com/

和菓子処　清野
03-3731-2320

【しょうゆ】

職人醤油／株式会社 伝統デザイン工房
http://www.s-shoyu.com/

キッコーマン株式会社
https://www.kikkoman.co.jp/

有限会社　石孫本店
http://ishimago.main.jp/

有限会社　宮醤油店
0439-66-0003

有限会社　栄醤油醸造
0537-48-2114

株式会社　大久保醸造店
0263-32-3154

株式会社　丸又商店
0569-73-0006

足立醸造　株式会社
0795-35-0031

片上醤油
0745-66-0033

ヤマロク醤油　株式会社
0879-82-0666

岡本醤油醸造場
http://okamoto-shoyu.com/

桑田醤油有限会社
0835-22-0386

長友味噌醤油醸造元
0985-65-1226

早川食品株式会社
0283-22-0905

ばら食品
FAX：078-611-8596

光食品株式会社
http://www.hikarishokuhin.co.jp

吉村醸造株式会社
http://sakurakaneyo.com

ヤマサ醤油株式会社
http://www.yamasa.com/

【だし、うま味調味料】

味の素株式会社
https://www.ajinomoto.co.jp/

特定非営利活動法人
うま味インフォメーションセンター
http://www.umamiinfo.jp/

日本うま味調味料協会
https://www.umamikyo.gr.jp/

藪伊豆総本店
http://www.yabuizu-souhonten.com/

【香辛料】

エスビー食品株式会社
https://www.sbfoods.co.jp/

【油】

金田油店
https://www.abura-ya.jp/

一般社団法人日本植物油協会
http://www.oil.or.jp/index.html

【マヨネーズ】

キユーピー株式会社
https://www.kewpie.co.jp/

ル・ブション
03-5652-0655

【ケチャップ】

一般社団法人全国トマト工業会
http://www.japan-tomato.or.jp/

【ソース】

一般社団法人日本ソース工業会
http://www.nippon-sauce.or.jp/

旅飯
https://seesaawiki.jp/w/tabimeshi/

オタフクソース株式会社
https://www.otafuku.co.jp/

オリバーソース株式会社
https://oliversauce.com/

株式会社　大黒屋
http://www.kk-daikokuya.co.jp/

コーミ株式会社
http://www.komi.co.jp/

コックソース株式会社
http://member.fukunet.or.jp/COOK/

太陽食品工業
FAX：052-400-3952

チョーコー醤油株式会社
http://choko.co.jp/

トキハソース株式会社
https://www.tokiwa-sauce.co.jp/

【あ】

【か】

【さ】

【た】

参考文献

『食材図典Ⅱ』 小学館
『日本の正しい調味料』 小学館
『新しい「日本食品標準成分表 2010」による
　食品成分表』
　女子栄養大学出版部
『調理のためのベーシックデータ』
　女子栄養大学出版部
『ポケット農林水産統計 2011』 農林水産省
『味噌・醤油・酒の来た道』 小学館
『味噌』柴田書店
『みそ文化誌』
　全国味噌工業協同組合連合会
　社団法人　中央味噌研究所
『味噌・醤油入門』 日本食糧新聞社
『食糧油脂入門』 日本食糧新聞社
『油屋店主の旨いものレシピ 油屋ごはん』
　アスキー・メディアワークス
『京都のお酢屋のお酢レシピ』
　アスキー
『塩の事典』 東京堂出版
『乾物の事典』 東京堂出版

参考サイト

農林水産省
http://www.maff.go.jp/

財務省
https://www.mof.go.jp/

しょうゆ情報センター
https://www.soysauce.or.jp/

全国味淋協会
http://www.honmirin.org/

食用塩公正取引協議会
http://www.salt-fair.jp/

独立行政法人農畜産業振興機構
https://www.alic.go.jp/

油屋.com
http://www.abura-ya.com/

スタッフ

アートディレクション / 石倉ヒロユキ
企画・製作 /regia
写真 / 石倉ヒロユキ、本田犬友
執筆 / 早田昌美、立本美弥子
料理協力 / 岩崎由美、山下智子

素材よろこぶ 調味料の便利帳

編　者　高橋書店編集部
発行者　高橋秀雄
発行所　株式会社 高橋書店
〒170-6014 東京都豊島区東池袋3-1-1 サンシャイン60 14階
電話　03-5957-7103

ISBN978-4-471-03399-6 ©regia Printed in Japan

定価はカバーに表示してあります。


本書の内容についてのご質問は「書名、質問事項(ページ、内容)、お客様のご連絡先」を明記のうえ、郵送、FAX、ホームページお問い合わせフォームから小社へお送りください。

回答にはお時間をいただく場合がございます。また、電話によるお問い合わせ、本書の内容を超えたご質問にはお答えできませんので、ご了承ください。本書に関する正誤等の情報は、小社ホームページもご参照ください。

【内容についての問い合わせ先】
書　面　〒170-6014 東京都豊島区東池袋3-1-1 サンシャイン60 14階　高橋書店編集部
F A X　03-5957-7079
メール　小社ホームページお問い合わせフォームから　(https://www.takahashishoten.co.jp/)

【不良品についての問い合わせ先】

ページの順序間違い・抜けなど物理的欠陥がございましたら、電話03-5957-7076へお問い合わせください。

ただし、古書店等で購入・入手された商品の交換には一切応じられません。